Os Acordos para a Troca de Informações Fiscais entre Países e a Legislação Brasileira

Os Acordos para a Troca de Informações Fiscais entre Países e a Legislação Brasileira

2018

Caio César Morato

ALMEDINA

OS ACORDOS PARA A TROCA DE INFORMAÇÕES FISCAIS ENTRE PAÍSES E A LEGISLAÇÃO BRASILEIRA

AUTOR: Caio César Morato
DIAGRAMAÇÃO: Almedina
DESIGN DE CAPA: FBA
ISBN: 9788584934157

Dados Internacionais de Catalogação na Publicação (CIP)
(Câmara Brasileira do Livro, SP, Brasil)

Morato, Caio César
Os acordos para a troca de informações fiscais entre países e a legislação brasileira / Caio César Morato. -- São Paulo : Almedina, 2018.

Bibliografia.
ISBN 978-85-8493-415-7

1. Acordos internacionais 2. Direito constitucional 3. Direito internacional 4. Direito tributário 5. Organização para Cooperação e Desenvolvimento Econômico - OCDE 6. Sigilo bancário 7. Sigilo fiscal I. Título.

18-21650 CDU-341.24:336.2

Índices para catálogo sistemático:

1. Troca de informações fiscais : Acordos internacionais : Direito tributário internacional 341.24:336.2

Maria Paula C. Riyuzo - Bibliotecária - CRB-8/7639

Este livro segue as regras do novo Acordo Ortográfico da Língua Portuguesa (1990).

Novembro, 2018

EDITORA: Almedina Brasil
Rua José Maria Lisboa, 860, Conj.131 e 132, Jardim Paulista | 01423-001 São Paulo | Brasil
editora@almedina.com.br
www.almedina.com.br

"Não cometas nenhum ato vergonhoso nem na presença de outros nem em segredo. A tua primeira lei deve ser o respeito a ti mesmo."

(Pitagorás)

AGRADECIMENTOS

Como não poderia deixar de ser, meu primeiro agradecimento vai à minha família. Aos meus pais, Eloi e Ana, que sempre me incentivaram nos estudos e sempre lutaram para proporcionar as situações que me fizeram chegar até aqui, meu pai de infinita resiliência e a minha mãe de gigantesca determinação. Para a pequena Giullia, minha irmã, que renova minhas forças todos os dias com seu sorriso de criança e que ainda não sabe o tamanho da força que tem, mas que doa o suficiente para que eu jamais deixe de lutar. À Dona Wanda, minha amada avó, que ainda me sede seu colo e seus ouvidos nos momentos de maior aflição.

Meu agradecimento à Dra. Luiza da Camara Chaves que, mesmo mostrando impaciência com a minha ausência nas noites e finais de semana de estudos, me apoiou na busca pelos meus sonhos, na busca incessante pelo conhecimento e crescimento, repetindo sempre a frase: "Para o alto e para frente".

Não posso deixar de agradecer ao Dr. Fábio Martins de Andrade que dedicou horas de trabalho apresentando críticas e sugestões, indicações de leitura, e compartilhamento de sua biblioteca, o que certamente foi fundamental à elaboração do presente estudo.

Impossível deixar de agradecer aos professores do INSPER que auxiliaram durante esses dois anos de convívio no processo de polimento da pedra bruta, em busca do diamante do conhecimento.

PREFÁCIO

Aproximação Entre os Acordos Internacionais Para a Troca de Informações Fiscais Firmados Pelo Brasil e o Seu Direito Doméstico: Possibilidades e Limites

É impressionante como se observa paulatina aproximação entre os modelos de acordos internacionais elaborados pela Organização para Cooperação e Desenvolvimento Econômico - OCDE e o direito doméstico brasileiro. Com a crescente harmonização legislativa em torno de assuntos sensíveis relacionados à prevenção e repressão da evasão fiscal, em diferentes níveis, o Brasil tem-se alinhado cada vez mais aos países ditos desenvolvidos. Atualmente, o Brasil aguarda manifestação do órgão quanto ao seu pedido de ingresso naquele seleto grupo.

A harmonização legislativa tem caminhado para a convergência das recomendações, dos comentários e das normas elaboradas pela OCDE e pela legislação doméstica vigente no País. Nos últimos anos, a pedra de toque que tem ocupado o órgão gira em torno da prevenção e repressão da evasão fiscal, com crescente atenção aos chamados planejamentos tributários agressivos ou abusivos.

No cenário internacional, a evolução recente tem sido galopante, sobretudo considerando-se o tema específico da troca de informações fiscais. Isso se deve a uma série de fatores, como o advento da globalização, a sociedade de risco e o atentado de 11 de setembro de 2001 contra as Torres Gêmeas, dentre outros.

Inserindo a troca de informações fiscais no arsenal instrumental disponível em cada período, verifica-se o galopante aperfeiçoamento do tema no cenário internacional. Inicialmente, constava como dispositivo integrante dos tratados para evitar a dupla tributação da renda e prevenir a evasão fiscal, consoante o modelo elaborado pela OCDE (art. 26). A partir daí, e sentindo necessidade de maior regulamentação sobre os temas versados, surgiram os *Tax Information Exchange Agreements* – TIEA (em português: Acordo para o Intercâmbio de Informações Relativas a Tributos). Aqui, merece destaque o acordo firmado entre o Brasil e os Estados Unidos da América do Norte, promulgado pelo Decreto nº 8.003/13. Além disso, o Brasil também é signatário do chamado FATCA (*Foreign Account Tax Compliance Act*), que atribui questionável alcance extraterritorial à legislação dos Estados Unidos da América do Norte em situações que especifica, consoante dispõe o Decreto nº 8.506/14. Os demais acordos firmados pelo Brasil seguem a Convenção Modelo sobre Troca de Informações para Fins Tributários, como aqueles firmados com a Suíça, Bermudas, Guernsey, Ilhas Cayman, Jamaica, Jersey, Reino Unido e Uruguai, dentre outros. Todo esse esforço da OCDE foi coroado com a Convenção Multilateral sobre Assistência Administrativa em Matéria Fiscal (*Convention on Mutual Administrative Assistance in Tax Matters*), promulgada na legislação doméstica pelo Decreto nº 8.842/16. Tal convenção multilateral contabiliza hoje aproximadamente 125 jurisdições signatárias. Recentemente, adveio no cenário internacional o BEPS (*Base Erosion and Profits Shifting*), com seus quinze planos de ação, dentre os quais merecem destaque para o tema aqui versado os 5, 11 e 12.

Aqui duas digressões são necessárias. A primeira se refere à inevitável constatação de que mega conglomerados transnacionais, como a Apple, a Microsoft, o Facebook e a Starbucks, vinham recolhendo quantias ínfimas de tributos em razão de planejamentos tributários engendrados competentemente com o objetivo de elisão fiscal. Esses (e outros) são casos que foram globalmente conhecidos como exemplos de (ab)uso das brechas legais. Como reação, os principais países afetados decidiram trabalhar para eliminar ou pelo menos reduzir tais brechas através de uma atuação coordenada em âmbito mundial. Precisamente a partir dessa constatação foi que a OCDE, atendendo solicitação expressa do G20, elaborou o complexo Plano de Ação do BEPS. Essa é uma realidade que veio para ficar, sem qualquer sombra de dúvida. Dificilmente haverá recuo no propósito dos Estados quanto à tessitura da trama de acordos e convenções bilaterais e multilaterais para prevenir e evitar a evasão fiscal. Nesse cenário assume especial relevo todo o crescente arsenal instrumental relacionado à troca de informações fiscais.

A segunda digressão necessária nesse ponto diz respeito a uma tentativa esdrúxula engendrada pelo Governo brasileiro. Sob o pretexto de atender à Ação 12 do *Action Plan* do BEPS, o Governo Federal editou a Medida Provisória nº 685/15, na qual pretendeu criar a obrigação de informar à administração tributária federal as operações e atos ou negócios jurídicos que acarretassem supressão, redução ou diferimento de tributo. A iniciativa era esperada e estaria perfeita aos reclamos da comunidade internacional, não fosse a inclusão de dispositivo curioso que caracterizava qualquer erro ou omissão na obrigação acessória de apresentar a declaração (então batizada DPLAT) como presumida "omissão dolosa do sujeito passivo com intuito de sonegação ou fraude e os tributo devidos serão cobrados acrescidos de juros de mora e da multa prevista no § 1º do art. 44 da Lei nº 9.430, de 27 de dezembro de 1996". Obviamente, a doutrina nacional se insurgiu vigorosamente contra tal abusiva previsão, de modo que toda a parte relacionada a DPLAT não constou na Lei nº 13.202/15, que foi a conversão daquela medida provisória. E o Governo Federal perdeu uma excepcional oportunidade para introduzir uma obrigação de *disclosure* a respeito de planejamentos fiscais agressivos ou abusivos que é realidade em diferentes países pelo mundo afora.

Todo esse complexo movimento existente no cenário internacional foi habilmente captado e percebido na presente obra, com explicitação de seus principais pontos, anotações aos principais dispositivos relacionados aos acordos e até comentários críticos em algumas situações selecionadas. É que, embora se reconheça que se cuida de uma realidade que veio para ficar, aprofundando-se cada vez mais, sobretudo quando se busca a harmonização legislativa com outros países da OCDE, também se reconhece que a legislação doméstica indica alguns limites, como o necessário respeito ao sigilo fiscal dos contribuintes.

O sigilo fiscal pode ser explicitado a partir de importantes leis previstas na ordem jurídica nacional, como a Lei nº 9.784/99, o CPC/15, e até mesmo o Código Penal, além do CTN e outras que versam sobre a legislação tributária esparsa. Todavia, como fundamento de validade constitucional e carentes de máxima efetividade e maior concretude há de se mencionar os artigos 4º, incisos V, VIII e IX; 5º, incisos LIV e LV; 37, *caput*; 145, § 1º; 150, I; além dos incisos X e XII, ambos do art. 5º, que necessariamente reconduzem ao princípio maior da dignidade da pessoa humana, insculpido no art. 1º, inciso III, como fundamento da República.

Em razão de tal arcabouço, sinteticamente explicitado, os Tribunais Superiores nacionais já tiveram oportunidade de decidir, com acórdãos mais rígidos no passado e, recentemente, levando a uma ideia de maior flexibilização, sobretudo no âmbito do Supremo Tribunal Federal, quando do julgamento do RE 601.314.

Toda essa evolução, tanto normativa, como também jurisprudencial, também não passou desapercebida pelo arguto autor, que traz cada um dos principais momentos sequencialmente experimentados pela ordem jurídica nacional.

Precisamente da interação, com a convergência e harmonização, entre esses dois sistemas jurídicos – de um lado, o ordenamento nacional; e de outro, o direito internacional com a celebração de acordos, convenções e tratados – surgem possibilidades e limites, que são explicitados durante a presente obra, razão pela qual recomendo vigorosamente a leitura, na medida em que vem acrescentar na doutrina a sistematização do tema com algumas importantes tomadas de posição e comentários.

Desse modo, o presente livro tem o duplo mérito, não só de trazer a sistematização da evolução histórica dos principais acontecimentos na seara internacional que deram origem a cada um dos instrumentos componentes do atual arsenal especificamente sobre os acordos para a troca de informações fiscais, como também contribui com a tomada firme de posições sobre temas controvertidos e que certamente serão aprofundados e revisitados na ordem jurídica nacional, como temos visto recentemente.

Faço questão de não antecipar qualquer uma dessas posições, na medida em que tenho aqui como missão instigar o leitor a devorar o presente livro. Espero que seja de leitura proveitosa e fluida, como foi para mim. Aliás, o autor me agraciou com o convite para que escrevesse o meu primeiro prefácio, convite que muito me honra. Isso porque tive a satisfação de tê-lo trabalhando comigo no período de abril de 2014 até abril de 2016, o que foi renovado desde junho de 2018, quando ele voltou a compor o quadro de sócios do nosso escritório. Durante esse tempo, o autor tem-se mostrado academicamente interessado e logrou concluir um Curso de L.L.M. em Direito Tributário pelo prestigioso Instituto de Ensino e Pesquisa – INSPER, em São Paulo, cuja monografia tornou-se o presente livro.

A precisão cirúrgica com a qual o autor lida com a diversidade de temas relacionada à troca de informações fiscais demonstra o foco e o poder de síntese, sobretudo se considerarmos que substanciosos artigos doutrinários e até livros já foram escritos sobre temas específicos aqui abordados. Mas nem por isso o autor deixa de abordá-los e, mais do que isso, tomar posição, com comentários críticos.

Dito isso, recomendo ao leitor que aqui inicia a sua leitura, que dê uma boa examinada no sumário, para compreender a sequência escolhida para abordar os diferentes temas analisados. Além disso, desejo a você uma excelente leitura! Saiba que esse é um tema novo, relacionado a diplomas recentes e carece de aprofundamento da doutrina nacional, razão pela qual este livro é importante e atual.

Por último, é importante que o olhar sobre esse tema necessariamente contemple o arcabouço constitucional, como explicitado acima como mérito da abordagem aqui adotada, sobretudo considerando-se o importante teor constante de direitos e garantias individuais e fundamentais contido na Lei Maior, que hoje completa trinta anos.

Fábio Martins de Andrade
Doutor em Direito Público, advogado
e autor de diversos livros e artigos jurídicos.

SUMÁRIO

Introdução

O Direito Tributário Internacional tem ganhado posição de destaque no Brasil, em razão do crescimento do comércio internacional cuja participação é essencial para o desenvolvimento econômico do país. Dentre os vários temas relacionados a esse ramo do direito, nos chama atenção, pela sua atualidade e relevância, o instituto da Troca de Informações entre Países.

Essas trocas de informações podem ser consideradas medidas administrativas tomadas pelos Estados no interesse de obter dados relativos a situações ocorridas no exterior do seu território, as quais não podem ser obtidas unilateralmente, por força do princípio da soberania dos territórios nacionais.

Assim, sendo impossível a exigência imperativa da prestação de informações, por um Estado a outro Estado, é necessário que sejam firmados acordos para a cooperação na Troca de Informações sobre os contribuintes neles residentes. É importante destacar que o termo "troca" não representa uma permuta, isto é, que um país somente cederá informações se outro país também ceder a ele.

O principal interesse na obtenção dessas informações por um país está relacionado a fiscalização e exigência de tributos, de acordo com a legislação interna e os Tratados firmados para evitar a dupla tributação da renda, em especial a fim de evitar a Evasão tributária.

O modelo mais antigo dos tratados internacionais firmados para evitar a dupla tributação, que adotou o modelo-base da Organização para a Cooperação e o Desenvolvimento Econômico – OCDE, já possuía em seu artigo 26 um dever de prestar informações ao outro país signatário. Nesse modelo, o dever de informação alberga qualquer tipo de matéria fiscal, inclusive aquelas que possam irradiar efeitos para a esfera criminal. Isto é, o dever de informar está atrelado a toda e qualquer conduta de evasão fiscal ainda que não qualificada como crime ou fraude[1].

A troca de informações entre países e a necessidade de se aperfeiçoar a transparência fiscal, tem assumido um papel cada vez mais relevante na batalha contra o deslocamento de riquezas para países considerados paraísos fiscais e aqueles que possuem um regime fiscal privilegiado. Sérgio André Rocha, analisando a doutrina de Klaus Tipke, destaca que:

> Klaus Tipke trata da questão no âmbito da ética tributária do Poder Público, ao advertir que 'nas relações entre os países industrializados, junto à competição fiscal honesta, existe outra lesiva (harmful tax competition). Assim, criam-se benefícios fiscais para estrangeiros mediante os quais se pretende atrair investimentos e capital estrangeiros a troca de se fomentar fraude no país de origem.[2]

A OCDE em seu relatório *Harmful Tax Competition: An Emerging Global Issue*, destaca que os paraísos fiscais e os países com regimes fiscais privilegiados têm poder para causar efeitos devastadores na economia mundial, em especial com a distorção de investimentos financeiros ou reais, prejudicar o equilíbrio dos sistemas tributários dos Estados Soberanos, desencorajar o cumprimento dos deveres fiscais por outros contribuintes, impactar o orçamento público previsto, transferir a carga tributária para bases distintas da renda, para folha de salários e consumo e aumentar o custo administrativo dos órgãos de fiscalização tributária e outros[3].

Nesse sentido, os Estados Soberanos têm criado instrumentos a fim de permitir a troca de informações, uns com os outros, a fim de reduzir os riscos inerentes ao atual modelo das sociedades.

[1] Xavier, Alberto. **Direito Tributário Internacional do Brasil.** 8. ed. Rio de Janeiro: Forense, 2016. p. 778.

[2] Rocha, Sergio André. **Troca Internacional de Informações para Fins Fiscais.** São Paulo: Quartier Latin, 2015. p. 25.

[3] OCDE, *Harmful Tax Competition: an Emerging Global Issue,* 1998, p. 14.

Em regra, as normas relativas às trocas de informações estão dispostas nos Tratados assinados para evitar a dupla tributação, uma vez que sua principal função é a prevenção da evasão fiscal. Ocorre que o modelo da OCDE já não atende as necessidades das sociedades atuais, razão pela qual passou a ser objeto de acordos que se prestam exclusivamente a tratar desse tema, os quais costumam ser identificados na doutrina por TIEA – *Tax Information Exchange Agreements.*

Isso porque, na maioria dos acordos, as normas relativas a troca de informações não tem o condão de criar obrigações para particulares, mas apenas para a Administração Pública de cada país.

Em 2000, a OCDE emitiu um relatório chamado de *Improving Access to Bank Information for Tax Purposes*, resultando em 2002 na edição de sua Convenção Modelo sobre Troca de Informações em matéria Tributária. Em continuidade, no ano de 2006 aprovou um manual de implementação dos sistemas de troca de informações para fins tributários[4].

Recentemente, o foco de trabalho da OCDE passou a analisar os chamados planejamentos tributários abusivos ou agressivos. Como indica Sergio André Rocha:

> Um dos principais argumentos da OCDE e de diversos de seus países membros é no sentido de que a globalização tem permitido às empresas multinacionais a escolha da jurisdição onde seus lucros serão gerados e, consequentemente, tributados. Uma das armas que vem sendo apontadas para lutar contra os ditos planejamentos internacionais agressivos é exatamente a transparência fiscal e a troca de informações.[5]

Em continuidade, no ano de 2012, foi publicado um documento pela União Europeia chamado de *Action Plan to strengthen the fight against tax fraud and tax evasion*; e no ano de 2013, a OCDE editou um relatório com diversos planos de ação, chamados de '*Actions*', visando combater a erosão da base tributária mediante a transferência de lucros entre países e criando um grupo especial para o estudo dessas situações (BEPS). Um desses *Actions,* o de nº 5, foi editado justamente para tratar da

[4] OCDE, ***Manual on the Implementation of Exchange of Information Provision for Tax Purposes.***

[5] Op. Cit. p. 30

necessária transparência entre os estados, com um modelo para a realização de troca automática de informações entre países.

Por esse motivo, em 6 de maio de 2014, os 34 (trinta e quatro) países membros da OCDE[6], em conjunto com a África do Sul, Arábia Saudita, Argentina, Brasil, China, Colômbia, Costa Rica, Índia, Indonésia, Letônia, Lituânia, Malásia e Singapura, assinaram o chamado *Declaration on Automatic Exchange of Information in Tax Matters* em que declaram a intenção em reforçar as medidas tendentes a evitar a fraude e a evasão fiscal internacional por meio da troca automática de informações fiscais.

No que toca especificamente ao Brasil, no ano de 2011, este assinou a Convenção Multilateral da OCDE e do Conselho da Europa sobre Assistência Mútua Administrativa sobre Assuntos Tributários. Pouco depois, em setembro de 2012, o Brasil assinou uma Convenção sobre Troca de Informações em Matéria Tributária com o Reino Unido.

Ainda, a Lei nº 12.973, de 13 de maio de 2014, que realizou profundas modificações na sistemática de tributação dos lucros auferidos por empresas controladas e coligadas de companhias brasileiras no exterior, em seu artigo 78, inciso I[7], trouxe uma regra expressa em que exige a troca de informações para fins fiscais como um dos requisitos para a fruição de um regime doméstico de tributação mais favorecido.

No dia 25 de agosto de 2015 entrou em vigor no Brasil o Decreto nº 8.506, de 24 de agosto de 2015, que formalizou um acordo entre Brasil e Estados Unidos, para a implementação do chamado FATCA – *Foreign Account Compliance Tax Act*, que tem por finalidade localizar cidadãos norte-americanos que eventualmente estejam praticando evasão fiscal, com a utilização de veículos de investimento localizados em

[6] Alemanha, Austrália, Áustria, Bélgica, Canadá, Chile, Coréia do Sul, Dinamarca, Eslováquia, Eslovênia, Espanha, Estados Unidos, Estônia, Finlândia, França, Grécia, Hungria, Irlanda, Islândia, Israel, Itália, Japão, Luxemburgo, México, Noruega, Nova Zelândia, Países Baixos, Polônia, Portugal, reino Unido, República Tcheca, Suécia, Suíça e Turquia.

[7] Lei nº 12.973/2014:

"Art. 78. Até o ano-calendário de 2022, as parcelas de que trata o art. 77 poderão ser consideradas de forma consolidada na determinação do lucro real e da base de cálculo da CSLL da controladora no Brasil, excepcionadas as parcelas referentes às pessoas jurídicas investidas que se encontrem em pelo menos uma das seguintes situações:

I – estejam situadas em país com o qual o Brasil não mantenha tratado ou ato com cláusula específica para troca de informações para fins tributários; [...]"

outros países, possibilitando que a administração tributária dos Estados Unidos fiscalize e cobre os tributos que lhes são devidos.

Em breve síntese, o FATCA é uma norma dos Estados Unidos a ser observada por instituições financeiras localizadas em todo o mundo, para controlar e informar as autoridades daquele país operações em que participaram pessoas físicas ou jurídicas norte-americanas ou, ainda, negócios relacionados a elas, mas realizados dentro de estruturas que apresentem indícios de terem sido criadas para evitar o alcance das regras de tributação dos Estados Unidos.

Nessa esteira, diversos países do mundo, em especial da América Latina têm instituído programas de benefícios fiscais, permitindo que seus contribuintes realizem a regularização de seus ativos no exterior, mediante a entrega das necessárias retificações de suas declarações e pagamento do tributo devido, com descontos nos juros e nas multas.

Tais programas vão ao encontro das diretrizes da OCDE, permitindo que os contribuintes tenham uma última chance de regularizar suas declarações e realizar o pagamento dos tributos, antes que sejam colocados em prática os sistemas de troca de informações entre países, tornando impossível permanecer na irregularidade, podendo enfrentar a exigência do recolhimento de tributos, multas pesadas e juros, bem como perseguição na esfera penal por crimes como a lavagem de dinheiro, evasão de divisas e outros.

No Brasil, em 31 de janeiro de 2016, foi aprovado um programa de regularização de ativos não declarados, mantidos no exterior até 31 de dezembro de 2014. Esse programa dizia que o contribuinte que a ele aderiu deveria declarar todos os seus bens localizados no exterior, não sendo permitida a sua regularização parcial. Os ativos oriundos de atividades ilícitas, tais como tráfico de drogas e armas, terrorismo, contrabando, sequestro, bem como em razão de crimes cometidos contra a administração pública e o sistema financeiro, por moralidade, não seriam beneficiados com a anistia prevista nesse sistema.

Posteriormente, em 30 de março de 2017, foi aprovada uma nova lei (Lei nº 13.428/2017) que abriu novamente o prazo para que os contribuintes pudessem aderir até 31 de julho de 2017 ao referido programa de regularização de ativos, com alterações nas alíquotas aplicáveis a título de tributo e multa.

Por fim, em outubro de 2016, o Brasil assinou o Acordo Multilateral entre Autoridades Competentes sobre o Intercambio Automático de Informações Financeiras (*Multilateral Competent Authority Agreement on Automatic Exchange of Financial Account Information* – MCAA – CRS).

De todo o contexto exposto, podemos verificar que o Brasil tem buscado se alinhar a tendência global em busca da implementação de mecanismos de troca de informações com outros países para fins fiscais, a fim de combater a evasão fiscal.

Ainda é de se ressaltar que diante de todas essas modificações recentemente introduzidas no Brasil, por ser parte do Fórum Global sobre Transparência e Troca de Informações Fiscais foi observado de perto pela OCDE, sendo apontada como uma jurisdição relevante para o desenvolvimento e a instituição de padrões de transparência fiscal.

Os relatórios apresentados em duas fases diferentes (*Peer Review Report*), destacou que existem no Brasil instituições importantes e com capacidade suficiente para obter, guardar e tratar as informações fiscais, em especial a Receita Federal do Brasil que tem a capacidade de fornecer informações tanto no âmbito doméstico como internacional.

Além disso, o mencionado relatório destaca que o país não possui qualquer impedimento para a realização da troca de informações fiscais, a despeito da demora em respondê-las.

As normas relativas às trocas de informações têm caráter instrumental e se inserem dentre as regras de delimitação da eficácia das leis no espaço. Dessa forma, em homenagem ao princípio da especialidade das leis, as normas recebidas pelo sistema jurídico brasileiro, por força dos acordos, recebem o *status* de lei ordinária e devem ser aplicadas sempre nos casos envolvendo a relação internacional dos países.

Porém, a despeito do Fórum Global e Transparência Fiscal promovido pela OCDE ter empreendido grande esforço para viabilizar a troca de informações entre países, até o momento não foi verificado o mesmo grau de esforço para proteger os direitos dos contribuintes, que deveriam receber o mesmo tratamento concedido, por força do interesse público recebido.

O principal objetivo do trabalho aqui desenvolvido é analisar se o atual sistema jurídico brasileiro está pronto para receber e colocar em prática os acordos recentemente assinados pelo Brasil, à luz das praxes internas atuais, da jurisprudência das cortes superiores, da legislação infraconstitucional e, especialmente, da legislação constitucional, no que toca às garantias fundamentais das pessoas e dos contribuintes.

Para se alcançar esse objetivo, o presente trabalho está dividido em três grandes partes: (i) análise do cenário jurídico brasileiro atual; (ii) a análise dos tratados assinados pelo Brasil; (iii) a apresentação dos pontos de colisão entre os tratados, a expectativa internacional e o direito brasileiro atual com a proposição de algumas soluções.

Assim, para realizar essa análise foi realizado durante o desenvolvimento desse trabalho uma pesquisa empírica de toda a legislação nacional que trata sobre as garantias fundamentais do contribuinte, sobre a troca de informações no Brasil, passando pela jurisprudência e pela doutrina.

A seguir apresentamos os principais Tratados assinados pelo Brasil para realizar a troca de informações, para ao fim verificar se as normas internas estão alinhadas com esses Tratados.

1. O Sigilo Fiscal no Direito Brasileiro

1.1. Os Direitos Fundamentais dos Contribuintes

A Constituição Federal Brasileira é classificada como analítica e dogmática. É dita dogmática, pois foi elaborada de maneira sistematizada em um único texto pela assembleia constituinte após muito refletir sobre a situação do Brasil em 1988, que acabava de passar por momentos políticos complicados, em que os direitos, liberdades e garantias fundamentais das pessoas eram constantemente violados pelos Poderes Públicos.

Por esse mesmo motivo a Constituição é chamada de analítica. O constituinte originário tratou de elencar diversos direitos fundamentais dos brasileiros e das pessoas aqui residentes, sejam elas físicas ou jurídicas. Tudo isso com vistas a manutenção do Estado Democrático de Direito. Luís Roberto Barroso explica que são analíticas as Constituições:

> [...] quando desenvolvem em maior extensão o conteúdo dos princípios que adotam, resultando em aumento do seu texto e em uma redução do espaço de conformação dos Poderes constituídos. Exemplos desse formato são as Constituições da Espanha, de Portugal, da Índia. Também é o caso da Constituição brasileira, que, sem embargo de suas múltiplas virtudes reais e simbólicas, é – mais do que analítica – casuística no tratamento de diversos temas, regulando-os em pormenor.[8]

[8] Barroso, Luís Roberto. **Curso de direito constitucional contemporâneo: os conceitos fundamentais e a construção do novo modelo** – 5. Ed. São Paulo ; Saraiva, 2015. Pág.104.

Esses direitos fundamentais são usualmente Tratados como "cláusulas pétreas". Tal nomenclatura surgiu, uma vez que tais direitos não podem ser mitigados ou suprimidos, devendo ser mantidos no ordenamento jurídico firmes como pedra. Em complemento, mais uma vez Luís Roberto Barroso destaca que:

> Os limites materiais atribuem a determinados conteúdos da Constituição uma super-higidez, impedindo a sua supressão. Diante disso, há quem sustente que as normas constitucionais protegidas por cláusulas pétreas têm hierarquia superior às demais. É inegável que o reconhecimento de limites materiais faz surgir duas espécies de normas: as que podem ser revogadas pelo poder de reforma e as que não podem.[9]

Não sendo o bastante, dentre esses direitos fundamentais o constituinte originário elencou diversos direitos chamados de direitos fundamentais dos contribuintes, os quais visam proteger os contribuintes dos atos do Estado contra seu patrimônio, o chamado confisco, buscando a manutenção de uma vida digna. A Constituição Federal por ser analítica, além elencar em seu artigo 5º diversos direitos fundamentais que irradiam suas forças para os direitos dos contribuintes, contêm 18 (dezoito) extensos artigos para tratar especificamente de matéria tributária.

Assim como a preservação dos direitos fundamentais dos contribuintes é essencial à manutenção do Estado Democrático de Direito, a arrecadação de tributos também é. Deveras, é a partir da arrecadação dos tributos que o Estado obtém os rendimentos necessários à prestação de seus serviços essenciais destinados a preservação da saúde, segurança e bem-estar de seus cidadãos.

Dentre os direitos fundamentais das pessoas e contribuintes, os que mais nos interessam no presente estudo são os chamados "Direito ao Devido Processo Legal", da "Reserva de Jurisdição", da Intimidade, da Vida Privada, da Honra e da Imagem, bem como da Inviolabilidade do Sigilo das Correspondências e das Comunicações Telegráficas, todos previstos no rol de direitos fundamentais.

[9] Op. Cit. pg. 189/190.

1.2. O Sigilo Fiscal e a Constituição Federal

O artigo 145, parágrafo 1º da Constituição Federal, deixa claro que a administração tributária, a fim de dar máxima efetividade aos seus objetivos, em especial a instituição de tributos que observem a capacidade contributiva dos contribuintes, poderá identificar o patrimônio, os rendimentos e as atividades econômicas dos contribuintes, desde que respeitados os direitos individuais e a legislação específica disciplinadora.

Com esse texto, coube ao legislador ordinário, por meio de lei complementar, disciplinar as formas que o fisco teria para observar o patrimônio, os rendimentos e as atividades dos contribuintes, garantindo uma tributação justa e uma atividade fiscalizatória que preserve os direitos fundamentais.

Como já tratado, o artigo 5º da Constituição Federal garante uma infinidade de direitos fundamentais aos brasileiros e aos estrangeiros residentes no país. Dentre esses direitos fundamentais o constituinte originário garantiu, no inciso X do aludido dispositivo constitucional, a inviolabilidade da intimidade e da vida privada:

> Art. 5º. Todos são iguais perante a lei, sem distinção de qualquer natureza, garantindo-se aos brasileiros e aos estrangeiros residentes no País a inviolabilidade do direito à vida, à liberdade, à igualdade, à segurança e à propriedade, nos termos seguintes:
>
> [...]
>
> X – são invioláveis a intimidade, a vida privada, a honra, e a imagem das pessoas, assegurado o direito a indenização pelo dano material ou moral decorrente de sua violação;[10]

Roque Antonio Carrazza, debruçando-se acerca do direito à inviolabilidade do sigilo no direito tributário, destaca que este princípio está relacionado à dignidade da pessoa humana. Isso porque, uma existência digna pressupõe a existência do direito à intimidade, à vida privada, ao sigilo de dados, ao sigilo fiscal e ao sigilo bancário[11].

[10] Brasil. Constituição (1988). Constituição da República Federativa do Brasil. Brasília, DF, 1988.

[11] Carrazza, Roque Antonio. **Curso de Direito Constitucional Tributário**, 31ª ed. São Paulo: Malheiros, 2017, p. 554.

Não sendo o bastante, o inciso XII do artigo 5º da Constituição Federal cuidou de reforçar que é inviolável o sigilo da correspondência e das comunicações telegráficas, de dados e das comunicações telefônicas, "*salvo, no último caso*, por ordem judicial, nas hipóteses e na forma que a lei *estabelecer para fins de investigação criminal ou instrução processual penal*".

Ao analisar o tema, o atual Ministro do Supremo Tribunal Federal – STF e Professor Alexandre de Moraes destaca que, *'Os direitos à intimidade e à própria imagem formam a proteção constitucional à vida privada, salvaguardando um espaço íntimo, intransponível por intromissões ilícitas externas'*.[12]

A violação da intimidade pode ferir a autoestima da pessoa, isto é, a noção de que a pessoa tem do próprio valor e confiança de que reúne as condições necessárias à consecução das metas que elegeu para a própria vida.

Numa primeira leitura poderíamos afirmar que apenas as pessoas naturais teriam o direito ao sigilo de informações. Todavia, devemos nos atentar que esse também é importante para a empresa, pois a manutenção do sigilo pode e deve preservar os segredos comerciais como preços praticados, valores e origens de seus insumos, quantidade e até os seus fornecedores, que são essenciais ao desenvolvimento dos negócios e à preservação da livre concorrência.

Atualmente é muito comum que as empresas comerciais utilizem as informações que possuem sobre os hábitos das pessoas para lhes oferecer produtos e serviços, enviando constantemente, por diversos meios, propagandas. Nesse ponto, podemos afirmar que nem todo o ato praticado em segredo é ilícito, mas quando praticado, é direito do sujeito mantê-lo em sigilo, se assim quiser.

Aliás, devem ser protegidos os próprios dados cadastrais dos contribuintes, sejam pessoas físicas ou jurídicas, a fim de que não sejam perturbados por terceiros, com situações indesejadas, desde propagandas abusivas, até ameaças.

A Constituição Federal acabou por tratar em diversos momentos do direito fundamental à intimidade, destacando que comunicações telefônicas e telegráficas somente podem ter seu sigilo violado mediante autorização judicial e para fins exclusivamente penais.

[12] Moraes, Alexandre. **Direito Constitucional**. 33ª ed. São Paulo: Atlas, 2017. p. 62.

É importante destacar que, em nenhum momento, a Constituição utilizou conjuntamente os termos "sigilo" e "fiscal" ou "sigilo" e "bancário". Assim, podemos concluir que os termos sigilo fiscal e sigilo bancário nasceram da criação da doutrina e da jurisprudência, ganhando grande relevância.

Esses são os princípios usados pelo Poder Judiciário para proteger contribuintes de terem suas informações devassadas diretamente pelo fisco, bem como indevidamente expostas.

A despeito da Constituição Federal Brasileira ser analítica, não seria razoável exigir que trate expressamente de todas as espécies de sigilo existentes, sendo que os direitos fundamentais citados são suficientes para delimitar o espaço de trabalho do legislador ordinário, ao editar a lei competente para tratar do assunto.

Em síntese, podemos dizer que o texto constitucional atual garantiu como direito fundamental dos contribuintes, o sigilo bancário, de dados e fiscal, sendo que a sua quebra apenas poderia se dar em casos excepcionais, mediante prévia autorização judicial. Além disso, caberia ao legislador ordinário, observando tais direitos fundamentais, a edição de uma lei complementar para regulamentar os procedimentos para essa quebra e seus limites.

Tércio Sampaio Ferraz Júnior destaca que:

> A intimidade é o âmbito do exclusivo que alguém reserva para si, *sem nenhuma repercussão social,* nem mesmo ao alcance de sua vida privada que, por mais isolada que seja, é sempre um viver entre os outros (na família, no trabalho, no lazer em comum).[13] (grifos nossos)

Sobre o sigilo fiscal e bancário no Brasil, o Prof. Paulo de Barros Carvalho nos ensina que:

> [...] é vedada a divulgação, para qualquer fim, por parte da Fazenda Pública ou de seus funcionários, de qualquer informação, obtida em razão de ofício, sobre a situação econômica ou financeira dos sujeitos passivos ou de terceiros e sobre a natureza e os estados dos seus negócios ou atividades.[14]

[13] Ferraz Júnior. Tercio Sampaio. Sigilo de Dados: o Direito à Privacidade e os Limites à Função Fiscalizadora do Estado. In: Pizolio, Reinaldo; Gavaldão Jr., Jayr Viegas (Coords.) **Sigilo Fiscal e Bancário.** *São Paulo:* Quartier Latin, 2005. Pg. 20-21.

[14] Carvalho, Paulo de Barros. **Curso de Direito Tributário**. 28 ed. São Paulo: Saraiva, 2017. p. 535.

Fazendo uma importante reflexão sobre essa questão, Marcos Aurélio Pereira Valadão e Henrique Porto de Arruda alertam que:

> Ocorre que, na medida em que alguns não contribuem da maneira como deveriam – pois se utilizam de artifícios ilícitos – aqueles que contribuem devidamente acabam sofrendo um ônus maior. Essa lógica, onde os que não contribuem se utilizam dos mesmos serviços custeados por aqueles que contribuem corretamente, gera desequilíbrio e ofende o princípio da isonomia, além de desfigurar o regime democrático. Sendo assim, como forma de garantir uma correta contribuição por parte de cada cidadão, de acordo com sua capacidade contributiva, é que o Estado deve utilizar mecanismos constitucionais e legais a fim de buscar uma arrecadação eficiente e justa dos tributos.[15]

Os mencionados autores nos alertam que os princípios constitucionais devem ser interpretados de maneira harmônica, para que um não se sobreponha a outro, impedindo que em razão da observância de um princípio, outro seja violado.

A despeito de destacar que a inobservância do princípio da capacidade contributiva pode ofender o princípio da isonomia, esses não são os únicos princípios constitucionais que restam violados pela ausência da correta fiscalização e consequente arrecadação tributária. Relembramos que o *caput* do artigo 5º da Constituição Federal elenca como pilares do Estado Democrático de Direito "a inviolabilidade do direito à vida, à liberdade, à igualdade, à segurança e à propriedade".

Nesse sentido, destacamos que em matéria tributária existem duas leis complementares que tratam do direito ao sigilo fiscal e bancário, as quais serão analisadas a seguir.

[15] Valadão, Marcos Aurélio Pereira; Arruda, Henrique Porto de. *In* Direitos Fundamentais, privacidade, intimidade, sigilos bancário e fiscal. Disponível em < http://www.periodicos.ufc.br/index.php/nomos/article/view/1226/1190 >, consultado em 03/06/2017.

1.3. O Sigilo Fiscal na Legislação Infraconstitucional

1.3.1. *O Sigilo Fiscal e o Código Tributário Nacional*

O Código Tributário Nacional, introduzido no ordenamento jurídico brasileiro pela Lei nº 5.172, de 25 de outubro de 1966, e recepcionado pela vigente Constituição Federal com *status* de Lei Complementar, já previa regra sobre a necessidade de terceiros prestarem informações ao fisco sobre negócios ou atividades de outros. Veja-se o que diz o seu artigo 197:

> Art. 197. Mediante intimação escrita, são obrigados a prestar à autoridade administrativa todas as informações de que disponham com relação aos bens, negócios ou atividades de terceiros:
> I – os tabeliães, escrivães e demais serventuários de ofício;
> II – os bancos, casas bancárias, Caixas Econômicas e demais instituições financeiras;
> III – as empresas de administração de bens;
> IV – os corretores, leiloeiros e despachantes oficiais;
> V – os inventariantes;
> VI – os síndicos, comissários e liquidatários;
> VII – quaisquer outras entidades ou pessoas que a lei designe, em razão de seu cargo, ofício, função, ministério, atividade ou profissão.
> Parágrafo único. A obrigação prevista neste artigo não abrange a prestação de informações quanto a fatos sobre os quais o informante esteja legalmente obrigado a observar segredo em razão de cargo, ofício, função, ministério, atividade ou profissão.

A despeito de criar uma obrigação para terceiros, relativa a prestação de informações de que disponham, há uma clara previsão de que essa obrigação é mitigada quando as informações se refiram a fatos sobre os quais o informante legal esteja obrigado por lei a guardar segredo.

O termo "lei" mencionado no dispositivo legal deve ser interpretado em seu sentido mais amplo, assim como jamais poderia deixar de ser, nele deve estar incluída a Lei Maior, isto é, a Constituição Federal, que como já vimos elenca como direito fundamental à intimidade, à vida privada, à honra, à imagem, bem como à inviolabilidade das comunicações, salvo por ordem judicial devidamente fundamentada.

Mas, a preservação do direito ao sigilo fiscal não parou por aí. Os artigos 198 e 199 do Código Tributário Nacional também trouxeram disposições visando a proteção ao sigilo bancário e fiscal do contribuinte. Veja-se:

> Art. 198. Sem prejuízo do disposto na legislação criminal, é vedada a divulgação, por parte da Fazenda Pública ou de seus servidores, de informação obtida em razão do ofício sobre a situação econômica ou financeira do sujeito passivo ou de terceiros e sobre a natureza e o estado de seus negócios ou atividades.
> § 1º Excetuam-se do disposto neste artigo, além dos casos previstos no art. 199, os seguintes:
> I – requisição de autoridade judiciária no interesse da justiça;
> II – solicitações de autoridade administrativa no interesse da Administração Pública, desde que seja comprovada a instauração regular de processo administrativo, no órgão ou na entidade respectiva, com o objetivo de investigar o sujeito passivo a que se refere a informação, por prática de infração administrativa.
> § 2º O intercâmbio de informação sigilosa, no âmbito da Administração Pública, será realizado mediante processo regularmente instaurado, e a entrega será feita pessoalmente à autoridade solicitante, mediante recibo, que formalize a transferência e assegure a preservação do sigilo.
> § 3º Não é vedada a divulgação de informações relativas a:
> I – representações fiscais para fins penais;
> II – inscrições na Dívida Ativa da Fazenda Pública;
> III – parcelamento ou moratória.
>
> Art. 199. A Fazenda Pública da União e as dos Estados, do Distrito Federal e dos Municípios prestar-se-ão mutuamente assistência para a fiscalização dos tributos respectivos e permuta de informações, na forma estabelecida, em caráter geral ou específico, por lei ou convênio.
> Parágrafo único. A Fazenda Pública da União, na forma estabelecida em tratados, acordos ou convênios, poderá permutar informações com Estados estrangeiros no interesse da arrecadação e da fiscalização de tributos.

Como se pode observar o parágrafo único do artigo 199 do Código Tributário Nacional, prevê situações excepcionais em que o sigilo fiscal não deve ser observado de maneira estrita, melhor dizendo, elenca quais são as situações em que se permite à fiscalização divulgar informações obtidas de seus contribuintes.

A primeira hipótese diz respeito à requisição de informações pela autoridade judiciária no interesse da justiça. Ao assim dispor, o legislador ordinário observou a norma constitucional que prevê que o sigilo somente poderá ser quebrado mediante ordem judicial. É importante ressaltar que não se trata de qualquer ordem, mas de uma decisão devidamente fundamentada que busca atender os interesses da justiça na resolução de um processo. No mais, ao requisitar essas informações o Poder Judiciário não poderá divulgá-las livremente, juntar aos autos de processo público ou deixar à disposição de quaisquer pessoas que se julguem interessadas, mas deverá extrair as informações necessárias à resolução de um processo e mantê-las arquivadas em local adequado e, posteriormente, descartá-las. Nesse sentido temos respeitado não só o princípio do devido processo legal, mas também da inafastabilidade da jurisdição.

A segunda hipótese prevista no parágrafo primeiro do artigo 198 do Código Tributário Nacional se refere ao pedido formulado por autoridade administrativa em regular processo administrativo, instaurado para a apuração de infração a lei. Vemos aqui, que o legislador complementar, não obstante ter respeitado o devido processo legal, exigindo a instauração de um processo administrativo, acabou por não observar a norma constitucional que determina a obtenção de uma decisão fundamentada do Poder Judiciário.

Mais uma vez, sobre essa questão o Professor Roque Antonio Carrazza faz preciosas considerações:

> Com efeito, a Constituição, como já dito, garantiu a inviolabilidade da privacidade e o sigilo de dados. Para efetivá-los, assegurou também o sigilo das informações bancárias, seja das constantes nas instituições financeiras, seja das existentes na Própria Fazenda Pública. No que andou bem, pois, por meio da análise e divulgação dos dados bancários deixa-se ao desabrigo a intimidade da pessoa física; fica fácil saber quais suas preferências políticas (v.g., na hipótese de ter feito uma doação de campanha a um partido), qual sua religião (pelo eventual donativo que fez a Igreja), com quem se relaciona, quais suas diversões habituais, que lugares frequenta, se está passando por dificuldades financeiras (comprováveis por constantes saldos bancários negativos), etc.

> [...]
> Não é por outra razão que o Constituinte de 1988 condicionou a quebra do sigilo bancário à prévia autorização judicial e, ainda assim, quando presentes fundadas suspeitas da existência de possível delito praticado por quem vai sofrer a investigação. Mais: determinou que as informações assim obtidas somente pudessem ser utilizadas para apuração de fatos que ensejaram a medida.[16]

Assim, o artigo 198, parágrafo primeiro, inciso II, do Código Tributário Nacional, teria desbordado do mandamento constitucional que dispõe que a quebra de sigilo somente pode ser realizada mediante prévia autorização judicial.

Nessa esteira, o artigo 199 do mesmo Código, prevê que os entes federativos brasileiros podem realizar a troca de informações fiscais como forma de assistência mútua na fiscalização de seus contribuintes, com o fim último de incremento de sua arrecadação.

Da leitura do dispositivo em apreço podemos extrair que ele exige o cumprimento de dois requisitos a fim de tornar legitima a troca de informações entre estados soberanos. O primeiro deles é que essa troca esteja baseada em um tratado assinado pelo Brasil, observadas as regras constitucionalmente previstas para que este entre em vigor neste país. O segundo requisito é o de que essas informações devem ter como única finalidade a arrecadação de tributos.

Podemos então aqui afirmar que não é lícita a troca de informações fiscais sem que exista um tratado assinado pelo Brasil e que este tenha cumprido todos os requisitos necessários para entrar em vigor no Brasil.

Esse é o ponto que devemos nos atentar para a evolução do presente trabalho. O dispositivo citado, que permite que as autoridades fiscais realizem a troca de informações com outros países, foi inserido no Código Tributário Nacional apenas no ano de 2001, quando da entrada em vigor da Lei Complementar nº 104, de 10 de janeiro de 2001, que realizou diversas alterações naquele diploma legal.

A Exposição de Motivos do Projeto de Lei Complementar, apresentada pelo então Ministro da Fazenda Pedro Malan, destaca que:

[16] CARRAZZA, Roque Antonio. **Curso de Direito Constitucional Tributário**, 31ª ed. São Paulo: Malheiros, 2017. p. 553.

> Preliminarmente, cumpre esclarecer que não se cogita, no presente momento, de promover uma reestruturação completa do referido Código, sendo que as alterações propostas, constantes do art. 1º do mencionado Projeto, objetivam atribuir, à Administração Tributária, condições mais adequadas ao cumprimento de suas funções institucionais, naquilo que se entende de mais urgente.
> [...]
> O objetivo das alterações propostas para o art. 198 é a flexibilização do sigilo fiscal, retirando de seu âmbito situações em que tal restrição não se justifica, inclusive nos casos de intercâmbio de informações no âmbito da Administração Pública, bem assim nas situações de representações fiscais para fins penais, inscrição em Dívida da Fazenda Pública e parcelamentos concedidos, onde a transparência fiscal da ação do Poder Público se sobrepõe aos interesses individuais.
> O parágrafo único do art. 199, proposto, visa pacificar o entendimento quanto à possibilidade de intercâmbio de informações com Estados estrangeiros, com base em de (*sic*) tratados, acordos ou convênios.[17]

Depreende-se que a vontade do legislador complementar brasileiro foi a de flexibilizar o ordenamento jurídico-constitucional-tributário possibilitando a ampla troca de informações entre os órgãos de administração tributária dos Estados Soberanos, com a intenção de aumentar a fiscalização sobre os seus contribuintes e, consequentemente, a arrecadação tributária.

A referida alteração juntamente com aquela promovida nos artigos 43 e 44 do mesmo código, que tratam do Imposto de Renda, buscam modernizar o sistema tributário brasileiro, colocando-o mais próximo das práticas adotadas nos países considerados desenvolvidos.

À primeira vista, a legislação assim introduzida (parágrafo único do artigo 199 do Código Tributário Nacional), sem qualquer alteração na redação da Constituição Federal é à primeira vista inconstitucional, pois não observou as exigências contidas no artigo 5º, incisos X a XII do Diploma Constitucional. O Professor Marco Aurélio Greco há muito já apontava para tal inconstitucionalidade:

[17] Disponível em: < http://www.camara.gov.br/proposicoesWeb/prop_mostrarintegra?codteor= 1233038&filename=Dossie+-PLP+77/1999 > consultado em 10/05/2017.

> Tenho sustentado que a garantia do sigilo dos dados em si (da informação, do registro, da operação, enquanto tais) encontra-se sob a proteção do inciso XII do artigo 5º da CF/88.
> Assim entendo, pois não obstante a tortuosa redação que o inciso apresenta, dele é possível extrair o sentido de que a inviolabilidade que a Constituição busca proteger abrange tanto o dado, a informação, o registro em si, estaticamente considerados, (daí os termos "correspondência" e "dados'), como o respectivo fluxo de mensagens da perspectiva dinâmica (daí os termos "comunicações telegráficas" e "comunicações telefônicas").[18]

Em sentido diverso se posicionaram outros doutrinadores de grande envergadura, como Luís Eduardo Schoueri, que anota:

> O que merece nota é que o dever de sigilo não surge como absoluto; o Código Tributário Nacional, na redação da Lei Complementar n. 104/2001, ponderando, de um lado, o direito à privacidade e, de outro, o interesse público, acaba por relativizar aquele dever.
> [...]
> A assistência administrativa não se limita às Pessoas Jurídicas de Direito Público interno, mas se estende à cooperação internacional, conquanto limitada nesse caso aos assuntos de competência da União e mediante instrumentos próprios do Direito Internacional (tratados, acordos, convênios).[19]

Entendemos que a quebra de sigilo bancário e fiscal é instrumento necessário e a participação do Poder Judiciário pode e deve ser mitigada, buscando a máxima eficiência da justiça fiscal, como forma de preservar os direitos fundamentais dos cidadãos, tais como a isonomia e a capacidade contributiva.

Não por isso, as autoridades fiscais devem manter o devido cuidado com a utilização dessas informações, impedindo que essas sejam divulgadas para outras finalidades e sejam alcançados por pessoas que utilizariam essas informações para fins criminosos (como extorsão, planejamento de sequestros, etc.), ou mesmo indevida utilização comercial

[18] GRECO, Marco Aurélio. **Sigilo do Fisco e Perante o Fisco**. In PIZOLIO, Reinaldo; GAVALDÃO JR.. Jayr Viegas (Coods.). Sigilo Fiscal e Bancário. São Paulo: Quartier Latin, 2005. p. 77.
[19] SCHOUERI. Luís Eduardo. **Direito Tributário** – 7ª ed. São Paulo : Saraiva, 2017. p. 868.

como venda de produtos financeiros (cartões de crédito, empréstimos, seguros e outros).

Por fim, há de se ressaltar o quanto já tratamos em nossa introdução a respeito da sociedade de risco, e que será melhor abordada nos capítulos a seguir.

1.3.2. *O Sigilo Bancário e Fiscal e a Lei Complementar nº 105/2001*

No dia 10 de janeiro de 2001 foi editada a Lei Complementar nº 105 que veio a regular, como exige a Constituição Federal, o sigilo das operações de instituições financeiras.

De acordo com a mencionada lei, é dever das instituições financeiras, elencadas exemplificativamente nos incisos I a XIII do parágrafo 1º do artigo 1º, a conservação em sigilo de suas operações ativas ou passivas, bem como os serviços prestados.

Como é comum no sistema legal brasileiro o legislador ordinário caminhou mal na redação do parágrafo 1º do artigo 1º da Lei Complementar em apreço. É que o legislador aponta diversas situações que não configurariam quebra de sigilo bancário. A nosso ver deveria o texto apontar que a quebra do sigilo bancário é permitida pelas autoridades elencadas, quando destinadas exclusivamente aos fins destacados taxativamente naquele dispositivo. A despeito do equívoco apontado, não se tornou impossível compreender a vontade do legislador, assim como, observadas as balizas constitucionais, depreender os limites de sua aplicação.

A referida lei dispõe que é permitida a violação ao sigilo bancário para a troca de informações realizadas entre instituições financeiras, para fins cadastrais, em especial no que toca às análises de risco, desde que observadas as normas regulamentares editadas no âmbito do Banco Central e do Conselho Monetário Nacional. Da mesma forma não implica quebra de sigilo o fornecimento dessas informações ao próprio Banco Central[20] e ao Conselho Monetário Nacional[21], que têm como fim precípuo manter a solidez do sistema financeiro e disciplinar o crédito. Trata-se de uma medida que visa manter a higidez do Sistema Financeiro Nacional.

[20] Disponível em < https://www.bcb.gov.br/htms/novaPaginaSPB/PapelDoBancoCentral.asp >, acesso em 10.06.2017.

[21] Disponível em < http://www.bcb.gov.br/pre/composicao/cmn.asp >, acesso em 10.06.2017.

Isso porque, tais trocas de informações permitem a cada uma das instituições financeiras saber se não está concedendo créditos a devedores contumazes ou pessoas que já possuem um nível de comprometimento elevado de sua renda e a concessão de um novo crédito poderia desencadear uma inadimplência, não só da sua instituição financeira, mas também das demais que atuam no mercado nacional. Aqui nada há de relação ao sigilo para fins fiscais.

Merece maior atenção para o tema debatido na presente obra a orientação de que não se considera violação ao sigilo bancário a prestação de informações necessárias à identificação dos contribuintes e os valores globais das respectivas operações (parágrafo 2º do artigo 11 da Lei nº 9.311, de 24 de outubro de 1996), para fins de exigência da Contribuição Provisória sobre Movimentações Financeiras – CPMF.A Professora Cleide Previtalli Cais destaca que:

> A Contribuição Provisória sobre Movimentação ou Transmissão de valores e de Créditos e Direitos de Natureza Financeira – CPMF foi instituída pela Lei nº 9.311/96. A sua incidência ocorria sobre (a) movimentação ou transmissão de valores, (b) créditos e de direitos de natureza financeira, (c) qualquer operação liquidada ou lançamento realizado pelas entidades competentes, que representassem circulação escritural ou física de moeda e das quais resultassem ou não de transferência da titularidade dos mesmos valores, créditos e direitos. A espécie foi exigida até 31.12.2007 por ter sido rejeitada a sua prorrogação pelo Senado Federal.
>
> Na forma do art. 11 da Lei nº 9.311/96 a administração de seus recursos era de competência da Secretaria da Receita Federal dotada do poder de requisitar e de proceder ao exame de documentos, livros e registros, bem como de estabelecer obrigações acessórias.
>
> As instituições responsáveis pela retenção e recolhimento da CPMF estavam obrigadas a prestar à Secretaria da Receita Federal as informações necessárias à identificação dos contribuintes e os valores globais das respectivas operações, nos termos condições e prazos estabelecidos pelo Ministério de Estado da Fazenda.[22]

[22] Cais, Cleide Previtalli. Sigilo Fiscal de Pessoa Física e Jurídica/Público e Privado. In: De Santi, Eurico Marcos Diniz et. Al. (Coords.) **Transparência Fiscal e Desenvolvimento: Homenagem ao Professor Isaías Coelho**. São Paulo: Fiscosoft, 2013. P. 337

Também é possível a quebra de sigilo quando do envio, pelas instituições financeiras, de informações às autoridades competentes para apuração de eventuais ilícitos penais ou administrativos. Luís Eduardo Schoueri e Mateus Calicchio Barbosa ao analisar a norma destacam o seguinte:

> Em que pese o acerto do entendimento adotado pelo Supremo Tribunal Federal e pelo Superior Tribunal de Justiça à luz da Constituição de 1988, a regra de sigilo contida no art. 38 da Lei sobre Instituições Financeiras acabou revogada pela Lei Complementar nº 105, de 10 de janeiro de 2001. Esta, diferentemente da Lei de 1964, é expressa ao determinar que mero procedimento administrativo é suficiente para que se dê a quebra de sigilo bancário perante as autoridades fiscais. À luz de seus dispositivos, não haveria mais espaço para o debate que ocupou autoridades fazendárias e contribuintes por décadas: a necessidade de processo judicial e de devido processo legal regularmente instaurados, que o exame dos dados bancários é indispensável.[23]

O legislador ainda cuidou de destacar, sem muita necessidade, algumas espécies de tipos penais especiais que justificariam a quebra de sigilo fiscal (parágrafo 4º do artigo 1º). Entendemos que esse rol é meramente exemplificativo e apresenta um preciosismo do legislador.

A lei em referência ainda tratou de dispor que o Poder Executivo irá disciplinar a periodicidade, os limites de valor, enfim os critérios a serem observados pelas instituições financeiras para fornecer informações aos órgãos de administração tributária da União, dos Estados e dos Municípios. Todavia, a norma não deixou ao livre arbítrio do Poder Executivo a definição desses critérios, pontuou que as informações serão restritas a indicação dos titulares das operações e os montantes globais mensalmente movimentados, sendo completamente vedada a divulgação da origem ou da natureza dos gastos a partir delas. Veja-se que sempre que há quebra do sigilo bancário, o legislador se preocupa em estabelecer limites dentro das raias traçadas pela Constituição Federal.

[23] Schoueri, Luís Eduardo; Barbosa, Matheus Calicchio. Da Antítese do Sigilo à Simplicidade do Sistema Tributário: os Desafios da Transparência Fiscal Internacional. In: DE Santi, Eurico Marcos Diniz et. Al. (Coords.) **Transparência Fiscal e Desenvolvimento: Homenagem ao Professor Isaías Coelho**. São Paulo: Fiscosoft, 2013. P. 512.

A lei ainda permitiu que a fiscalização de quaisquer dos entes federativos examine os livros e registros das instituições financeiras, incluindo-se aqueles relativos a contas e depósitos e aplicações financeiras, quando houver um processo administrativo instaurado ou, ao menos, a comprovação de um início de procedimento fiscal. A norma em referência visa claramente prestigiar o princípio do devido processo legal.

Ressalte-se ainda que a lei contém aviso expresso que o desvio das informações obtidas por meio da quebra de sigilos realizadas para fins fiscais constitui crime, que sujeita a pessoa natural que deu ensejo a tal ato a pena de reclusão de um a quatro anos e multa. Trata-se de um tipo penal especial, sendo que esse não exclui as normas gerais contidas no Código Penal.

Deveras, a quebra de sigilo fiscal consuma o crime de violação de sigilo funcional, previsto no artigo 325 do Código Penal, que é caracterizado pelo ato de "revelar fato de que tem ciência em razão do cargo e que deva permanecer em segredo, ou facilitar-lhe a revelação". A sanção prevista para esse crime é de detenção, de seis meses a um ano, ou multa.

Como já ressaltamos em outros momentos do presente trabalho, o principal foco de estudo é a troca de informações fiscais entre Estados Soberanos e a análise dos acordos internacionais firmados para a prática de tais atos.

Diante disso fica a pergunta: Por qual motivo estamos a analisar a Lei Complementar nº 105/2001, que trata da quebra de sigilo bancário realizada a pedido do fisco brasileiro?

A resposta é simples. É por meio das balizas contidas nessa lei que a autoridade fiscal brasileira obterá as informações que serão permutadas com os demais Estados Soberanos.

Assim, torna-se importante a fixação dessas premissas no primeiro capítulo deste trabalho, a fim de que no decorrer de seu desenvolvimento possam ser realizadas as críticas e a análise de compatibilidade dos acordos firmados pelo Brasil para a troca de informações fiscais, com a legislação interna brasileira.

1.3.3. *O Decreto nº 3.724/2001*

A fim de regulamentar o procedimento sobre a requisição, o acesso e o uso, pela Secretária da Receita Federal Brasil, das informações referentes as operações e serviços das instituições financeiras, bem como a preservação do seu sigilo, o Poder Executivo editou o Decreto nº 3.724, de 10 de janeiro de 2001.

De acordo com o referido Decreto a análise das informações recebidas pelas instituições financeiras somente poderá ser realizada por servidor ocupante do cargo de "Auditor Fiscal da Receita Federal do Brasil", quando houver procedimento de fiscalização em curso e tal exame for considerado essencial para o trabalho.

Para a referida norma são consideradas indispensáveis as informações obtidas pelas instituições financeiras quando houver indícios de subavaliação de valores de operação, inclusive de comércio exterior, de aquisição ou alienação de bens ou direitos em relação aos correspondentes valores de mercados; a obtenção de empréstimos de pessoas jurídicas não financeiras quando o contribuinte deixar de comprovar o efetivo recebimento dos recursos; a omissão de rendimentos ou ganhos líquidos decorrentes de investimentos, remessa de valores para o exterior em montante incompatível com a renda declarada.

Por sua vez, o Decreto dispõe que as informações disponíveis deverão ser solicitadas às instituições financeiras por meio de um documento intitulado como "Requisição de Informações sobre Movimentação Financeira – RMF" e será dirigido aos diretores dos bancos e aos gerentes de agência. A pessoa que receber essa intimação deverá disponibilizar o acesso aos movimentos financeiros ou apresentar as informações de movimentações, nesse último caso respondendo pela veracidade.

A mencionada RMF será expedida com base em relatório circunstanciado elaborado pelo Auditor Fiscal responsável pela execução do procedimento fiscal em andamento, dele contendo elementos mínimos.

De outro lado, as instituições financeiras deverão apresentar as informações solicitadas no prazo estabelecido no RMF diretamente ao Auditor Fiscal que o expediu.

Após a sua utilização, os documentos recebidos devem ser entregues pessoalmente ao contribuinte fiscalizado ou destruídas. Da mesma forma, as informações e os resultados fiscais obtidos com base nas informações fiscais recebidas deverão permanecer em sigilo.

Por fim, o decreto elenca uma série de penalidades aplicáveis aos servidores que permitirem ou facilitarem o acesso de pessoas não autorizadas às informações sigilosas.

1.3.4. *O Sigilo Fiscal e as Regras da Portaria nº 2.344/2011 da Receita Federal do Brasil*

A Portaria nº 2.344, de 24 de março de 2011, da Receita Federal do Brasil, órgão vinculado ao Ministério da Fazenda, por sua vez ao Poder Executivo, foi publicada com o fito de regulamentar o acesso das informações protegidas por sigilo fiscal, constantes dos Sistemas da Receita Federal do Brasil, isto é, declarações enviadas pelos contribuintes e os documentos coletados para a instrução de processo administrativo.

Assim como as demais normas já analisadas neste trabalho, a Portaria trata de alertar que a quebra indevida do sigilo fiscal deve acarretar na aplicação de sanções penais.

Tal norma destaca que estão protegidas pelo direito ao sigilo fiscal e bancário todas as informações:

> Art. 2º (...)
> I – as relativas a rendas, rendimentos, patrimônio, débitos, créditos, dívidas e movimentação financeira ou patrimonial;
> II – as que revelem negócios, contratos, relacionamentos comerciais, fornecedores, clientes e volumes ou valores de compra e venda;
> III – as relativas a projetos, processos industriais, fórmulas, composição e fatores de produção.

Por outro lado, a mesma norma infralegal destaca que não são albergadas pela proteção ao sigilo fiscal informações cadastrais dos contribuintes, tais como nome completo, data de nascimento, endereço, filiação, qualificação e composição societária, aquelas que concernem a sua regularidade fiscal, desde que não revelem débitos ou créditos, as agregadas de forma genérica que não identifiquem o sujeito passivo e aquelas previstas no já estudado parágrafo 3º do artigo 198 do Código Tributário Nacional.

Aqui a Receita Federal do Brasil claudicou ao expressar que dados cadastrais dos contribuintes não devem ser protegidos por sigilo. Isso porque, a despeito de não revelarem informações fiscais ou bancárias, informações como endereço, telefones e afins muitas vezes podem causar profundos incômodos. Se analisado tal fato simplesmente sob a ótica das pessoas jurídicas, é certo que a revelação de seu endereço ou telefones pode auxiliar na divulgação de sua atividade e crescimento de seus negócios. Mas, se olhado pela ótica das pessoas naturais, a divulgação de tais informações pode representar incômodos profundos, com o recebimento de propagandas indesejáveis e ligações para os mais diversos fins.

A norma infralegal ainda destaca que as informações somente serão fornecidas aos seus servidores que estejam devidamente habilitados nos seus sistemas de informática para tal fim.

Por fim, o artigo 7º dessa Portaria prevê que o contribuinte que se sentir lesado pelo uso irregular das informações fiscais pode apresentar uma representação à Secretaria da Receita Federal do Brasil para que os fatos sejam apurados, e se o caso, a aplicação das sanções cabíveis.

A nosso ver a norma não regulou de forma satisfatória todas as questões relativas a proteção do sigilo fiscal, passando a ser mais uma norma abstrata, assim como aquelas previstas no Código Tributário Nacional e na Lei Complementar nº 105/2001.

O Decreto nº 3.724/2001 disciplinou de maneira mais profunda os temas abordados nesse ato normativo, que deixou de disciplinar especificamente questões relacionadas ao controle dessas informações, formulários ou declarações eletrônicas com limitações das informações fiscais.

1.4. O Sigilo Fiscal e a Jurisprudência no Brasil

Após concluir a análise das normas federais que dizem respeito ao sigilo fiscal e bancário, e rapidamente sobre a Troca de Informações entre países, passaremos a analisar a interpretação que tais normas têm recebido pelo Tribunais brasileiros quando da sua aplicação nos casos concretos.

1.4.1. *O Sigilo Fiscal e a Jurisprudência do Superior Tribunal de Justiça*

O Superior Tribunal de Justiça, criado pela Constituição Federal de 1988, recebeu do constituinte originário a missão de pacificar a jurisprudência dos tribunais a respeito da interpretação e aplicação das normas infraconstitucionais, isto é, todas aquelas que estejam em um patamar abaixo da Constituição.

Como já pudemos observar, o Texto Constitucional apresentou princípios a fim de guiar o legislador ordinário na edição e aplicação das normas que zelam pelo sigilo fiscal e bancário. Dessa forma, coube a legislação infraconstitucional apresentar os procedimentos necessários à preservação do sigilo fiscal e bancário.

Assim, importantes casos chegaram ao Superior Tribunal de Justiça sobre o tema.

Em julgamento representativo da controvérsia[24] o Superior Tribunal entendeu que a manutenção das informações fiscais e bancárias do contribuinte nos autos do processo, desde que esse esteja protegido por segredo de justiça, não viola o direito ao sigilo fiscal[25].

Dessa decisão ainda é importante destacar o entendimento firmado por aquela Corte no sentido de que não existe qualquer distinção entre "sigilo fiscal" e "sigilo bancário". Tal entendimento foi baseado no fato

[24] De acordo com o artigo 543-C do Código de Processo Civil de 1973 (Lei nº 5.689, de 11 de janeiro de 1973) e o artigo 927 do Código de Processo Civil vigente (Lei nº 13.105, de 16 de março de 2015) todos os julgadores de 1ª e 2ª instâncias devem observar as decisões proferidas nos recursos representativos de controvérsia, a fim de decidir os demais casos.

[25] PROCESSUAL CIVIL. TRIBUTÁRIO. RECURSO REPRESENTATIVO DA CONTROVÉRSIA. ART. 543-C, DO CPC. AUSÊNCIA DE VIOLAÇÃO AO ART. 535, CPC. EXECUÇÃO FISCAL. RESPOSTA A REQUISIÇÃO DE INFORMAÇÃO DE CARÁTER SIGILOSO. DISCUSSÃO A RESPEITO DA NECESSIDADE DE ARQUIVAMENTO EM "PASTA PRÓPRIA" FORA DOS AUTOS OU DECRETAÇÃO DE SEGREDO DE JUSTIÇA. ART. 155, I, DO CPC.

1. Preliminarmente, quanto à ponderação de desafetação do recurso feita pela FAZENDA NACIONAL observo que pouco importa ao julgamento do feito a caracterização das informações como sujeitas ao sigilo fiscal (declaração de rendimentos e bens do executado) ou ao sigilo bancário (informações sigilosas prestadas via BACENJUD), pois o que se examina verdadeiramente é a correta ou incorreta aplicação do art. 155, I, do CPC, que não discrimina o tipo de sigilo que pretende tutelar. O objeto do recurso especial é a violação ao direito objetivo, à letra da lei, e não a questão de fato. Em verdade, sob o manto do sigilo fiscal podem estar albergadas informações a respeito da situação financeira da pessoa (inclusive informações bancárias) e sob o manto do sigilo bancário podem estar albergadas informações também contidas na declaração de bens. Basta ver que as informações requisitadas pela Secretaria da Receita Federal junto às instituições financeiras deixam de estar protegidas pelo sigilo bancário (arts. 5º e 6º da LC n. 105/2001) e passam à proteção do sigilo fiscal (art. 198, do CTN). Sendo assim, o fato é que a mesma informação pode ser protegida por um ou outro sigilo, conforme o órgão ou entidade que a manuseia.

2. [...].

3. Não há no código de processo civil nenhuma previsão para que se crie "pasta própria" fora dos autos da execução fiscal para o arquivamento de documentos submetidos a sigilo. Antes, nos casos em que o interesse público justificar, cabe ao magistrado limitar às partes o acesso aos autos passando o feito a tramitar em segredo de justiça, na forma do art. 155, I, do CPC.

4. As informações sigilosas das partes devem ser juntadas aos autos do processo que correrá em segredo de justiça, não sendo admitido o arquivamento em apartado. Precedentes: [...] (REsp 1349363/SP, Rel. Ministro MAURO CAMPBELL MARQUES, PRIMEIRA SEÇÃO, julgado em 22/05/2013, DJe 31/05/2013)

de que o sigilo fiscal compreende tanto as informações relativas a situação financeira do contribuinte, bem como a situação fiscal.

A referida decisão, de acordo com a sistemática processual vigente à época da sua prolação deveria ser aplicada a todos os casos e que se discutiam questões semelhantes, isto é, a necessidade de retirada ou não das informações protegidas pelo sigilo fiscal dos autos do processo.

No ano de 2009 aquele tribunal, também sob a sistemática dos recursos repetitivos, enfrentou um recurso especial no qual se buscava saber se a Lei Complementar nº 105/2001, que autorizou a quebra do sigilo bancário por autoridade fiscal sem prévia autorização do judiciário, poderia ser aplicada a tributos cujos fatos geradores ocorreram antes da sua entrada em vigor.

O Tribunal Superior entendeu que sim, pois o artigo 144, parágrafo 1º do Código Tributário Nacional[26] prevê que se aplica imediatamente, inclusive para constituição de fatos geradores pretéritos, a legislação que tenha ampliado os poderes de fiscalização[27].

[26] Art. 144. O lançamento reporta-se à data da ocorrência do fato gerador da obrigação e rege-se pela lei então vigente, ainda que posteriormente modificada ou revogada.
§ 1º Aplica-se ao lançamento a legislação que, posteriormente à ocorrência do fato gerador da obrigação, tenha instituído novos critérios de apuração ou processos de fiscalização, ampliado os poderes de investigação das autoridades administrativas, ou outorgado ao crédito maiores garantias ou privilégios, exceto, neste último caso, para o efeito de atribuir responsabilidade tributária a terceiros.

[27] PROCESSO CIVIL. RECURSO ESPECIAL REPRESENTATIVO DE CONTROVÉRSIA. ARTIGO 543-C, DO CPC. TRIBUTÁRIO. QUEBRA DO SIGILO BANCÁRIO SEM AUTORIZAÇÃO JUDICIAL. CONSTITUIÇÃO DE CRÉDITOS TRIBUTÁRIOS REFERENTES A FATOS IMPONÍVEIS ANTERIORES À VIGÊNCIA DA LEI COMPLEMENTAR 105/2001. APLICAÇÃO IMEDIATA. ARTIGO 144, § 1º, DO CTN. EXCEÇÃO AO PRINCÍPIO DA IRRETROATIVIDADE.
1. A quebra do sigilo bancário sem prévia autorização judicial, para fins de constituição de crédito tributário não extinto, é autorizada pela Lei 8.021/90 e pela Lei Complementar 105/2001, normas procedimentais, cuja aplicação é imediata, à luz do disposto no artigo 144, § 1º, do CTN.
2. O § 1º, do artigo 38, da Lei 4.595/64 (revogado pela Lei Complementar 105/2001), autorizava a quebra de sigilo bancário, desde que em virtude de determinação judicial, sendo certo que o acesso às informações e esclarecimentos, prestados pelo Banco Central ou pelas instituições financeiras, restringir-se-iam às partes legítimas na causa e para os fins nela delineados.
3. A Lei 8.021/90 (que dispôs sobre a identificação dos contribuintes para fins fiscais), em seu artigo 8º, estabeleceu que, iniciado o procedimento fiscal para o lançamento tributário

de ofício (nos casos em que constatado sinal exterior de riqueza, vale dizer, gastos incompatíveis com a renda disponível do contribuinte), a autoridade fiscal poderia solicitar informações sobre operações realizadas pelo contribuinte em instituições financeiras, inclusive extratos de contas bancárias, não se aplicando, nesta hipótese, o disposto no artigo 38, da Lei 4.595/64.

[...]

5. A Lei Complementar 105, de 10 de janeiro de 2001, revogou o artigo 38, da Lei 4.595/64, e passou a regular o sigilo das operações de instituições financeiras, preceituando que não constitui violação do dever de sigilo a prestação de informações, à Secretaria da Receita Federal, sobre as operações financeiras efetuadas pelos usuários dos serviços (artigo 1º, § 3º, inciso VI, c/c o artigo 5º, caput, da aludida lei complementar, e 1º, do Decreto 4.489/2002).

6. As informações prestadas pelas instituições financeiras (ou equiparadas) restringem-se a informes relacionados com a identificação dos titulares das operações e os montantes globais mensalmente movimentados, vedada a inserção de qualquer elemento que permita identificar a sua origem ou a natureza dos gastos a partir deles efetuados (artigo 5º, § 2º, da Lei Complementar 105/2001).

[...]

9. O artigo 144, § 1º, do Codex Tributário, dispõe que se aplica imediatamente ao lançamento tributário a legislação que, após a ocorrência do fato imponível, tenha instituído novos critérios de apuração ou processos de fiscalização, ampliado os poderes de investigação das autoridades administrativas, ou outorgado ao crédito maiores garantias ou privilégios, exceto, neste último caso, para o efeito de atribuir responsabilidade tributária a terceiros.

[...]

11. A razoabilidade restaria violada com a adoção de tese inversa conducente à conclusão de que Administração Tributária, ciente de possível sonegação fiscal, encontrar-se-ia impedida de apurá-la.

12. A Constituição da República Federativa do Brasil de 1988 facultou à Administração Tributária, nos termos da lei, a criação de instrumentos/mecanismos que lhe possibilitassem identificar o patrimônio, os rendimentos e as atividades econômicas do contribuinte, respeitados os direitos individuais, especialmente com o escopo de conferir efetividade aos princípios da pessoalidade e da capacidade contributiva (artigo 145, § 1º).

13. Destarte, o sigilo bancário, como cediço, não tem caráter absoluto, devendo ceder ao princípio da moralidade aplicável de forma absoluta às relações de direito público e privado, devendo ser mitigado nas hipóteses em que as transações bancárias são denotadoras de ilicitude, porquanto não pode o cidadão, sob o alegado manto de garantias fundamentais, cometer ilícitos. Isto porque, conquanto o sigilo bancário seja garantido pela Constituição Federal como direito fundamental, não o é para preservar a intimidade das pessoas no afã de encobrir ilícitos.

14. O suposto direito adquirido de obstar a fiscalização tributária não subsiste frente ao dever vinculativo de a autoridade fiscal proceder ao lançamento de crédito tributário não extinto.

15. In casu, a autoridade fiscal pretende utilizar-se de dados da CPMF para apuração do imposto de renda relativo ao ano de 1998, tendo sido instaurado procedimento administrativo, razão pela qual merece reforma o acórdão regional.

Outro ponto que merece atenção é o de que a proteção ao sigilo fiscal não é direito absoluto podendo ser quebrado quando houver a prevalência do direito público sobre o direito privado, na apuração de fatos delituosos, quando a decisão estiver devidamente fundamentada.

No ano de 2015, ao apreciar o Habeas Corpus – HC nº 316.870, o STJ indo na contramão da sua própria jurisprudência, entendeu ser inconstitucional a quebra de sigilo fiscal sem a prévia autorização judicial.

Na decisão, os Ministros do Superior Tribunal de Justiça embasaram seu entendimento na jurisprudência prevalecente no Supremo Tribunal Federal, conforme se observará a seguir, para dizer que não é possível a quebra do sigilo fiscal sem prévia autorização judicial[28].

16. O Supremo Tribunal Federal, em 22.10.2009, reconheceu a repercussão geral do Recurso Extraordinário 601.314/SP, cujo thema iudicandum restou assim identificado: "Fornecimento de informações sobre movimentação bancária de contribuintes, pelas instituições financeiras, diretamente ao Fisco por meio de procedimento administrativo, sem a prévia autorização judicial. Art. 6º da Lei Complementar 105/2001."
[...]
19. Destarte, o sobrestamento do feito, ante o reconhecimento da repercussão geral do thema iudicandum, configura questão a ser apreciada tão somente no momento do exame de admissibilidade do apelo dirigido ao Pretório Excelso.
20. Recurso especial da Fazenda Nacional provido. Acórdão submetido ao regime do artigo 543-C, do CPC, e da Resolução STJ 08/2008.
(REsp 1134665/SP, Rel. Ministro LUIZ FUX, PRIMEIRA SEÇÃO, julgado em 25/11/2009, DJe 18/12/2009)

[28] PROCESSUAL PENAL. HABEAS CORPUS SUBSTITUTIVO DE RECURSO PRÓPRIO. INADEQUAÇÃO DA VIA ELEITA. QUEBRA DO SIGILO BANCÁRIO PELA RECEITA FEDERAL. INEXISTÊNCIA DE AUTORIZAÇÃO JUDICIAL. UTILIZAÇÃO DE DADOS PARA FINS DE INVESTIGAÇÃO PENAL. ILEGALIDADE. PROVA ILÍCITA.
1. A jurisprudência do Superior Tribunal de Justiça, acompanhando a orientação da Primeira Turma do Supremo Tribunal Federal, firmou-se no sentido de que o habeas corpus não pode ser utilizado como substituto de recurso próprio, sob pena de desvirtuar a finalidade dessa garantia constitucional, exceto quando a ilegalidade apontada é flagrante, hipótese em que se concede a ordem de ofício.
2. A Primeira Seção desta Corte, no julgamento do REsp n. 1.134.665/SP, sob o rito do art. 543-C do Código de Processo Civil, firmou o entendimento de que a quebra do sigilo bancário sem prévia autorização judicial, para fins de constituição de crédito tributário, é autorizada pela Lei n. 8.021/1990 e pela Lei Complementar n. 105/2001, normas procedimentais cuja aplicação é imediata (relator Ministro Luiz Fux, DJe 18/12/2009).
3. Posteriormente, o Plenário do Supremo Tribunal Federal, no julgamento do RE n. 389.808/ /PR (não obstante o reconhecimento da repercussão geral do tema no RE 601.314/SP),

Como se vê, o STJ não logrou êxito na sua missão de pacificar a jurisprudência acerca do tema. Assim, diante da relevância do tema e por este ser também disciplinado pela Constituição Federal a palavra definitiva sobre o tema passou para o Supremo Tribunal Federal.

1.4.2. *O Sigilo Fiscal e a Jurisprudência do Supremo Tribunal Federal*

Como vimos no início do presente trabalho, a Constituição Federal tratou de elencar o direito ao sigilo entre os direitos fundamentais dos contribuintes e, sendo ela a Lei Maior, não se pode deixar de analisar a interpretação dada pela Suprema Corte Brasileira aos ditames nela contidos, uma vez que a ele incumbe dar a palavra final acerca de sua aplicação.

No ano de 2006, o STF assentou que a quebra de sigilo bancário também poderá ser requerida por uma Comissão Parlamentar de Inquérito, a conhecida CPI, desde que haja a correta indicação dos fatos relacionados à pessoa que se encontra sob fiscalização. Veja-se:

assentou a inconstitucionalidade da interpretação dada à norma que autoriza a Receita Federal a ter acesso direto aos dados bancários do contribuinte.
4. A jurisprudência atual de ambas as Turmas da Terceira Seção deste Superior Tribunal vem se firmando no sentido de que é imprescindível a prévia autorização judicial para utilização dos dados bancários para fins de investigação penal, haja vista que a Receita Federal, órgão interessado no processo administrativo tributário, não possui competência constitucional para fornecer diretamente tais elementos aos órgãos investigatórios ou de acusação criminal. Precedentes.
5. In casu, consta dos autos que, após requisição de informação formulada pela Receita Federal, foram apresentados pelas instituições bancárias, sem consentimento do Juízo competente, extratos de movimentações de conta, além da relação de cheques nominais aos pacientes emitidos pela empresa por eles administrada, dados que confrontados com os tributos recolhidos, levaram à instauração de procedimento fiscal e, por sua vez, do processo criminal impugnado através deste writ.
6. Ainda que se admita, com base no art. 6º da Lei Complementar n. 105/2001, a legalidade do acesso a essas informações bancárias pela autoridade fazendária, não há norma no ordenamento jurídico pátrio que ampare a sua utilização para fins de investigação e deflagração de ação penal – como na presente hipótese.
7. Habeas corpus não conhecido. Ordem concedida, de ofício, para reconhecer a nulidade das provas obtidas mediante a quebra de sigilo bancário dos pacientes sem autorização judicial e, consequentemente, anular a ação penal desde o início, garantida a possibilidade de nova demanda ser proposta com esteio em prova lícita.
(HC 316.870/ES, Rel. Ministro Gurgel de Faria, QUINTA TURMA, julgado em 08/09/2015, DJe 24/09/2015)

COMISSÃO PARLAMENTAR DE INQUÉRITO - QUEBRA DE SIGILO BANCÁRIO, FISCAL E TELEFÔNICO - AUSÊNCIA DE INDICAÇÃO DE FATOS CONCRETOS - FUNDAMENTAÇÃO GENÉRICA - INADMISSIBILIDADE - CONTROLE JURISDICIONAL - POSSIBILIDADE - CONSEQUENTE INVALIDAÇÃO DO ATO DE "DISCLOSURE" - INOCORRÊNCIA, EM TAL HIPÓTESE, DE TRANSGRESSÃO AO POSTULADO DA SEPARAÇÃO DE PODERES - MANDADO DE SEGURANÇA DEFERIDO. A QUEBRA DE SIGILO - QUE SE APÓIA EM FUNDAMENTOS GENÉRICOS E QUE NÃO INDICA FATOS CONCRETOS E PRECISOS REFERENTES À PESSOA SOB INVESTIGAÇÃO - CONSTITUI ATO EIVADO DE NULIDADE. - A quebra do sigilo inerente aos registros bancários, fiscais e telefônicos, por traduzir medida de caráter excepcional, revela-se incompatível com o ordenamento constitucional, quando fundada em deliberações emanadas de CPI cujo suporte decisório apóia-se em formulações genéricas, destituídas da necessária e específica indicação de causa provável, que se qualifica como pressuposto legitimador da ruptura, por parte do Estado, da esfera de intimidade a todos garantida pela Constituição da República. Precedentes. Doutrina. O CONTROLE JURISDICIONAL DE ABUSOS PRATICADOS POR COMISSÃO PARLAMENTAR DE INQUÉRITO NÃO OFENDE O PRINCÍPIO DA SEPARAÇÃO DE PODERES. - O Supremo Tribunal Federal, quando intervém para assegurar as franquias constitucionais e para garantir a integridade e a supremacia da Constituição, neutralizando, desse modo, abusos cometidos por Comissão Parlamentar de Inquérito, desempenha, de maneira plenamente legítima, as atribuições que lhe conferiu a própria Carta da República. O regular exercício da função jurisdicional, nesse contexto, porque vocacionado a fazer prevalecer a autoridade da Constituição, não transgride o princípio da separação de poderes. Doutrina. Precedentes.
(MS 25668, Relator: Min. Celso de Mello, Tribunal Pleno, julgado em 23/03/2006, DJ 04/08/2006)

Na mesma época decidiu que o Ministério Público, a despeito de ter poderes para realizar investigações, não pode realizar a quebra do sigilo bancário ou fiscal sem a prévia autorização do Poder Judiciário. Sobre esse tema vale trazer a ementa da decisão:

EMENTAS: 1. RECURSO. Extraordinário. Inadmissibilidade. Instituições Financeiras. Sigilo bancário. Quebra. Requisição. Ilegitimidade do Ministé-

rio Público. Necessidade de autorização judicial. Jurisprudência assentada. Ausência de razões novas. Decisão mantida. Agravo regimental improvido. Nega-se provimento a agravo regimental tendente a impugnar, sem razões novas, decisão fundada em jurisprudência assente na Corte. 2. RECURSO. Agravo. Regimental. Jurisprudência assentada sobre a matéria. Caráter meramente abusivo. Litigância de má-fé. Imposição de multa. Aplicação do art. 557, § 2º, cc. arts. 14, II e III, e 17, VII, do CPC. Quando abusiva a interposição de agravo, manifestamente inadmissível ou infundado, deve o Tribunal condenar a agravante a pagar multa ao agravado.
(RE 318136 AgR, Relator(a): Min. Cezar Peluso, Segunda Turma, julgado em 12/09/2006, DJ 06/10/2006)

Nesse momento, o Supremo Tribunal Federal adota uma posição extremamente conservadora, apoiada na interpretação literal do artigo 5º, inciso XII da Constituição Federal que exige que a quebra do sigilo bancário e fiscal seja feita unicamente por meio de autorização do Poder Judiciário em decisão devidamente fundamentada, não podendo tais informações serem utilizadas para outras finalidades senão aquelas para os quais foi requerida. A utilização dessas informações para outros fins configura violação ao princípio constitucional fundamental e a nulidade do ato.

Enfrentando a questão do sigilo bancário e fiscal, por uma pequena vantagem, o Supremo Tribunal Federal declarou que a quebra do sigilo somente pode ser efetuada pelo Poder Judiciário, sendo inconstitucional a norma legal que possibilite à Receita Federal do Brasil o afastamento do sigilo de dados relativos ao contribuinte. Eis a ementa do julgado:

SIGILO DE DADOS – AFASTAMENTO. Conforme disposto no inciso XII do artigo 5º da Constituição Federal, a regra é a privacidade quanto à correspondência, às comunicações telegráficas, aos dados e às comunicações, ficando a exceção – a quebra do sigilo – submetida ao crivo de órgão equidistante – o Judiciário – e, mesmo assim, para efeito de investigação criminal ou instrução processual penal. SIGILO DE DADOS BANCÁRIOS – RECEITA FEDERAL. Conflita com a Carta da República norma legal atribuindo à Receita Federal – parte na relação jurídico-tributária – o afastamento do sigilo de dados relativos ao contribuinte.
(STF, RE 389.808, Relator: Min. Marco Aurélio, Tribunal Pleno, julgado em 15/12/2010, DJe-086 Divulg. 09/05/2011, Publicado em 10/05/2011)

No caso em apreço, os Ministros daquela Corte analisaram a constitucionalidade do artigo 1º da Lei nº 10.174, de 9 de janeiro de 2001, que incluiu o parágrafo 3º no artigo 11 da Lei nº 9.311/1996, que instituiu a Contribuição Provisória sobre Movimentações Financeiras – CPMF. O referido dispositivo legal permitiu à Receita Federal do Brasil utilizar as informações relativas às movimentações bancárias dos contribuintes não apenas para fiscalizar e exigir tal contribuição, mas também instaurar processos administrativos para fiscalizar e exigir outros tributos.

No mesmo ano, ao julgar a Ação Cautelar nº 33, o Tribunal Pleno da Corte Maior permitiu o acesso direto do fisco aos dados bancários de contribuintes. Veja-se como a questão foi decidida:

> EMENTA: RECURSO EXTRAORDINÁRIO. TUTELA DE URGÊNCIA (PODER GERAL DE CAUTELA). REQUISITOS. AUSÊNCIA. PROCESSUAL CIVIL. REFERENDO DE DECISÃO MONOCRÁTICA (ART. 21, V DO RISTF). CONSTITUCIONAL. TRIBUTÁRIO. DADOS BANCÁRIOS PROTEGIDOS POR SIGILO. TRANSFERÊNCIA DE INFORMAÇÕES SIGILOSAS DA ENTIDADE BANCÁRIA AO ÓRGÃO DE FISCALIZAÇÃO TRIBUTÁRIA FEDERAL SEM PRÉVIA AUTORIZAÇÃO JUDICIAL. LEI COMPLEMENTAR 105/2001. LEI 10.174/2001. DECRETO 3.724/2001. A concessão de tutela de urgência ao recurso extraordinário pressupõe a verossimilhança da alegação e o risco do transcurso do tempo normalmente necessário ao processamento do recurso e ao julgamento dos pedidos. Isoladamente considerado, o ajuizamento de ação direta de inconstitucionalidade sobre o tema é insuficiente para justificar a concessão de tutela de urgência a todo e qualquer caso. Ausência do risco da demora, devido ao considerável prazo transcorrido entre a sentença que denegou a ordem e o ajuizamento da ação cautelar, sem a indicação da existência de qualquer efeito lesivo concreto decorrente do ato tido por coator (21.09.2001 – 30.06.2003). Medida liminar não referendada. Decisão por maioria.
> (AC 33 MC, Relator: Min. Marco Aurélio, Relator p/ Acórdão: Min. Joaquim Barbosa, Tribunal Pleno, julgado em 24/11/2010, DJe de 09/02/2011)

O que se pode observar é que durante os anos a jurisprudência do STF passou de um momento estritamente conservador, entendendo que o sigilo fiscal e bancário somente poderia ser quebrado mediante autorização judicial devidamente motivada, para um momento vacilante em que as decisões se dividiam passando a causar insegurança jurídica e permitindo que os tribunais inferiores proferissem decisões em diferentes sentidos.

Diante de tantas incertezas e do volume de processos que chegava à Corte sobre o mesmo tema, no ano de 2009, restou reconhecida a repercussão geral da matéria nos autos do Recurso Extraordinário – RE nº 601.314, no qual se questionava a constitucionalidade da quebra do sigilo bancário e fiscal sem prévia autorização, com base na Lei Complementar nº 105/2001.

1.4.2.1. *O RE nº 601.314 e a Constitucionalidade da Lei Complementar nº 105/2001*

Como já dito, no ano de 2009 o Supremo Tribunal Federal afetou o RE nº 601.314 à sistemática da repercussão geral a fim de que fosse verificada:

> [...] se há violação aos princípios constitucionais que asseguram ser invioláveis a intimidade e o sigilo de dados, previstos no artigo 5º, incisos X e XII da Constituição, quando o Fisco, nos termos da Lei Complementar nº 105/2001, recebe diretamente das instituições financeiras informações sobre a movimentação das contas bancárias dos contribuintes, sem a prévia autorização judicial.

Nesse ínterim foram ajuizada quatro Ações Diretas de Inconstitucionalidade – ADIs, as de nºs 2.390, 2.386, 2.397, 2.859 questionando também a legitimidade da Lei Complementar nº 105/2001 para permitir que as autoridades fiscais requisitassem diretamente às instituições financeiras informações a respeito das movimentações realizadas pelos contribuintes.

O julgamento do aludido recurso foi iniciado apenas 7 (sete) anos depois, juntamente com as quatro ADIs. Na assentada de 24/02/2016, a maioria dos Ministros fixou a tese de que:

> O art. 6º da Lei Complementar 105/01 não ofende o direito ao sigilo bancário, pois realiza a igualdade em relação aos cidadãos, por meio do princípio da capacidade contributiva, bem como estabelece requisitos objetivos e o translado do dever de sigilo da esfera bancária para a fiscal.

O julgamento findou-se com um placar de 9 (nove) contra 2 (dois), restando vencidos os componentes mais antigos daquela corte, os Ministros Marco Aurélio e Celso de Mello.

O Ministro Edson Fachin, relator do recurso extraordinário, trouxe em seu voto interessantes ponderações que vão ao encontro do ponto nodal do presente trabalho[29]:

> Por outro lado, ressalta-se que o autogoverno coletivo relacionado ao sigilo bancário não se restringe aos limites da territorialidade brasileira, dado que se trata de uma questão transconstitucional, de maneira a demandar tratamento em múltiplos níveis jurídicos. Refere-se, aqui, a um novo paradigma de tributação o qual o notável Professor Titular da USP Heleno Taveira Torres denominou de "Fisco Global".
>
> Nesse sentido, é digno de nota que o G20, em conjunto com a OCDE, tenham estabelecido um Fórum Global, em abril de 2009, com a missão de acabar com a "era do segredo bancário".
>
> Desde então, a República brasileira aderiu a diversos tratados internacionais em matéria tributária voltados para trocas, automáticas ou a pedido, de informações fiscais entre mais de cem países signatários, notadamente a "Convenção Multilateral sobre Assistência Mútua Administrativa em Matéria Fiscal"; e a "Convenção para Troca Automática de Informação Financeira em Matéria Tributária" (Automatic Exchange of Financial Information in Tax Matters).
>
> Ademais, o Brasil aderiu ao Programa da OCDE "Base Erosion and Profit Shifting", de modo a evitar os efeitos negativos da chamada concorrência fiscal entre Estados soberanos, especialmente no tocante aos "paraísos fiscais". Recentemente, também chancelou sua adesão ao Programa "Foreign Account Tax Compliance Act – FACTA", o qual permitirá aos EUA enviar ao Governo brasileiro informações que se referem às contas correntes e situações patrimoniais de brasileiros disponíveis no sistema financeiro americano.
>
> No plano empírico, observam-se sérias críticas à legislação tributária do Brasil no tocante à transparência fiscal. A título exemplificativo, no segundo semestre de 2015, a Transparência Internacional (Transparency International), organização não-governamental de nível global, divulgou estudo em

[29] (RE 601314, Relator Min. EDSON FACHIN, Tribunal Pleno, julgado em 24/02/2016, acórdão eletrônico Repercussão Geral – Mérito DJe-198 divulg. 15/09/2016 public. 16/09/2016)

> que se constatou a baixa adequação do quadro legal brasileiro aos princípios de transparência acordados na ambiência do G20, em Sydney, no fim de 2014. Concluiu-se que "O país ainda não possui uma adequada definição de proprietário beneficiário e mecanismos para assegurar que as autoridades competentes estejam aptas para identificar o efetivo proprietário de entidades legais domésticas e internacionais que operam no Brasil".
> Em suma, no plano internacional, o Estado brasileiro tem reiteradamente tomado decisões soberanas a fim de se integrar ao conjunto de esforços globais de combate à fraude fiscal internacional, evasão de divisas, lavagem de dinheiro e paraísos fiscais, por meio do aprimoramento da transparência fiscal em relação às pessoas jurídicas e arranjos comerciais.

A despeito de discordar dos fundamentos utilizados pelo Min. Edson Fachin, no sentido de que a tendência global e, consequentemente, a do Brasil, é de acabar com o direito ao sigilo fiscal, entendemos que o voto traz informações bastante relevantes. Como veremos nos próximos capítulos e, com base nas premissas anteriormente fixadas, entendemos que não é possível acabar no Brasil com o direito ao sigilo bancário e fiscal. O que se deve é harmonizá-lo com o princípio da isonomia e do interesse público, adotando-se ferramentas que não coloquem o contribuinte em situações de risco.

Em seu voto, o Ministro Gilmar Mendes destacou que a quebra de sigilo bancário, independentemente de autorização judicial, visa tão somente ampliar os poderes de fiscalização da administração tributária, sendo medida necessária e indispensável para a fiscalização e cobrança dos tributos. Fez ainda um paralelo com inspeção de bagagens em recintos alfandegários, que apesar de violar a intimidade dos passageiros, não é contestada, a despeito de ser um procedimento invasivo.

O Ministro Dias Tofolli salientou que a Lei Complementar nº 105/2001 criou mecanismos capazes de impedir a circulação e o extravasamento de informações sigilosas dos contribuintes.

Nesse passo, louvamos o entendimento do Ministro Luís Roberto Barroso que sugeriu a aplicação de uma "interpretação conforme" ao art. 6º da Lei Complementar nº 105/2001, para determinar que a quebra do sigilo fiscal, sem a intervenção do Judiciário, seria legítima apenas quando decorresse de processo administrativo devidamente regulamentado, garantido ao contribuinte, no mínimo que seja notificado quanto a instauração, a submissão do pedido a superior hierárquico da autoridade fiscal solicitante (duplo grau ou revisão do ato), a existência de sistema eletrônico confiável para a realização do envio das informações e estabelecimento de mecanismos efetivos de punição nos casos de verificação de desvios da finalidade.

Além desses pontos, o Ministro Barroso traz a lume mais um importante princípio do direito brasileiro e internacional, o princípio da transparência[30]:

> O princípio da transparência, significando clareza, abertura e simplicidade, vincula tanto o Estado quanto a sociedade. Se a criação do Estado é um projeto coletivo, deve-se reconhecer que a solidariedade se projeta também no campo fiscal. Assim, o pagamento de tributos é um dever fundamental, lastreado na feição fiscal assumida pelo Estado contemporâneo e no elenco de direitos fundamentais que pressupõem, para sua concretização, o necessário financiamento.

No mais, na linha do entendimento que acompanhamos, o Ministro Barroso destaca a necessidade de harmonização do direito ao sigilo com o princípio da isonomia. Veja-se[31]:

> O direito à intimidade e à proteção da vida privada dos indivíduos são direitos fundamentais de extrema relevância, já que se ligam diretamente aos valores da liberdade e da dignidade humana, pilares de qualquer Estado que se pretenda democrático e de direito.
>
> Contudo, considero que a oposição do sigilo bancário à Administração Tributária não tem relação direta com tais garantias constitucionais, conforme se entende nas principais democracias do mundo – e isso foi enfatizado em mais de um dos pronunciamentos.
>
> De todo modo, ainda que assim não fosse, o sigilo de informações financeiras, a meu ver, não se encontra no núcleo essencial do direito à intimidade e, portanto, é passível de restrição razoável pelo legislador, principalmente com o objetivo de compatibilizá-lo com o dever fundamental de pagar tributos, a isonomia tributária e a capacidade contributiva.

[30] RE 601314, Relator Min. Edson Fachin, Tribunal Pleno, julgado em 24/02/2016, acórdão eletrônico Repercussão Geral – Mérito DJe-198 divulg. 15/09/2016 public. 16/09/2016.

[31] RE 601314, Relator Min. Edson Fachin, Tribunal Pleno, julgado em 24/02/2016, acórdão eletrônico Repercussão Geral – Mérito DJe-198 divulg. 15/09/2016 public. 16/09/2016.

Sendo assim, verifica-se que o legislador não desbordou dos parâmetros constitucionais ao exercer sua relativa liberdade de conformação, na medida em que estabeleceu requisitos objetivos para a requisição de informação, pela Administração Tributária, às instituições financeiras, assim como manteve o sigilo dos dados a respeito das transações financeiras do contribuinte, observando-se uma transferência do dever de sigilo da esfera bancária para a fiscal.

O Ministro Marco Aurélio, o primeiro a proferir voto divergente, restando vencido ao final, pretendia não apenas declarar inconstitucional a quebra do sigilo bancário sem autorização judicial, mas também declarar que seria ilegítimo o compartilhamento dessas informações.

Apegou-se o Ministro a uma interpretação literal e isolada do inciso XII do artigo 5º da Constituição Federal. É o que podemos observar[32]:

> Presidente, embora não pareça, a Carta Federal é um documento rígido, a gerar, essa adjetivação, a supremacia. Está no ápice da pirâmide das normas jurídicas, e todo diploma a ela deve obséquio, deve respeitá-la. Refiro-me à legislação-gênero.
>
> É certo que tivemos emenda constitucional que abriu margem para conferir, a tratado e convenção internacional, força de texto constitucional. Mas originário? Não, força de emenda, a exigir os mesmos requisitos para ter-se a aprovação de emenda constitucional. Refiro-me ao § 3º do artigo 5º da Carta da República.
>
> Sobre a matéria, o que temos no rol das garantias constitucionais – o principal rol, porque há outras garantias em dispositivos diversos da Carta de 1988? Vem-nos, do inciso XII do artigo 5º, uma regra e, para confirmá-la, uma exceção. A regra está na revelação da inviolabilidade dos dados – gênero –, incluídos, iniludivelmente, os bancários.
>
> Mas o legislador constituinte, ao cogitar da inviolabilidade do sigilo de correspondência, das comunicações telegráficas, de dados e das comunicações, abriu exceção, que, pelo visto, não é tão exceção assim, ao prever que esse sigilo poderia ser afastado por parte integrante de relação jurídica? Afastado pela feitura de justiça pelas próprias mãos? Não, Presidente. Poderia o sigilo ser afastado, como pode ser afastado – e, muitas vezes, o é – por

[32] (RE 601314, Relator Min. Edson Fachin, Tribunal Pleno, julgado em 24/02/2016, acórdão eletrônico Repercussão Geral – Mérito DJe-198 divulg. 15/09/2016 public. 16/09/2016).

ordem judicial, a pressupor a atuação de órgão equidistante quanto ao conflito de interesses, que deverá atentar para outra regra constitucional, a versar que as decisões judiciais devem ser fundamentadas.

O voto proferido pelo Ministro Marco Aurélio encontra-se amparado na vetusta jurisprudência do Supremo Tribunal Federal e na doutrina de diversos catedráticos, como já demonstrado.

Ao final, a decisão do recurso extraordinário restou assim ementada[33]:

> RECURSO EXTRAORDINÁRIO. REPERCUSSÃO GERAL. DIREITO TRIBUTÁRIO. DIREITO AO SIGILO BANCÁRIO. DEVER DE PAGAR IMPOSTOS. REQUISIÇÃO DE INFORMAÇÃO DA RECEITA FEDERAL ÀS INSTITUIÇÕES FINANCEIRAS. ART. 6º DA LEI COMPLEMENTAR 105/01. MECANISMOS FISCALIZATÓRIOS. APURAÇÃO DE CRÉDITOS RELATIVOS A TRIBUTOS DISTINTOS DA CPMF. PRINCÍPIO DA IRRETROATIVIDADE DA NORMA TRIBUTÁRIA. LEI 10.174/01.
>
> 1. O litígio constitucional posto se traduz em um confronto entre o direito ao sigilo bancário e o dever de pagar tributos, ambos referidos a um mesmo cidadão e de caráter constituinte no que se refere à comunidade política, à luz da finalidade precípua da tributação de realizar a igualdade em seu duplo compromisso, a autonomia individual e o autogoverno coletivo.
> 2. Do ponto de vista da autonomia individual, o sigilo bancário é uma das expressões do direito de personalidade que se traduz em ter suas atividades e informações bancárias livres de ingerências ou ofensas, qualificadas como arbitrárias ou ilegais, de quem quer que seja, inclusive do Estado ou da própria instituição financeira.
> 3. Entende-se que a igualdade é satisfeita no plano do autogoverno coletivo por meio do pagamento de tributos, na medida da capacidade contributiva do contribuinte, por sua vez vinculado a um Estado soberano comprometido com a satisfação das necessidades coletivas de seu Povo.
> 4. Verifica-se que o Poder Legislativo não desbordou dos parâmetros constitucionais, ao exercer sua relativa liberdade de conformação da ordem jurídica, na medida em que estabeleceu requisitos objetivos para a requisição de informação pela Administração Tributária às instituições financeiras, assim como manteve o sigilo dos dados a respeito das transações financeiras

[33] (RE 601314, Relator Min. Edson Fachin, Tribunal Pleno, julgado em 24/02/2016, acórdão eletrônico Repercussão Geral – Mérito DJe-198 divulg. 15/09/2016 public. 16/09/2016)

do contribuinte, observando-se um translado do dever de sigilo da esfera bancária para a fiscal.
5. A alteração na ordem jurídica promovida pela Lei 10.174/01 não atrai a aplicação do princípio da irretroatividade das leis tributárias, uma vez que aquela se encerra na atribuição de competência administrativa à Secretaria da Receita Federal, o que evidencia o caráter instrumental da norma em questão. Aplica-se, portanto, o artigo 144, §1º, do Código Tributário Nacional.
6. Fixação de tese em relação ao item "a" do Tema 225 da sistemática da repercussão geral: "O art. 6º da Lei Complementar 105/01 não ofende o direito ao sigilo bancário, pois realiza a igualdade em relação aos cidadãos, por meio do princípio da capacidade contributiva, bem como estabelece requisitos objetivos e o translado do dever de sigilo da esfera bancária para a fiscal".
7. Fixação de tese em relação ao item "b" do Tema 225 da sistemática da repercussão geral: "A Lei 10.174/01 não atrai a aplicação do princípio da irretroatividade das leis tributárias, tendo em vista o caráter instrumental da norma, nos termos do artigo 144, §1º, do CTN". 8. Recurso extraordinário a que se nega provimento."
(RE 601314, Relator(a): Min. Edson Fachin, Tribunal Pleno, julgado em 24/02/2016, ACÓRDÃO ELETRÔNICO REPERCUSSÃO GERAL - MÉRITO DJe de 15/09/2016)

O que mais nos chama atenção é que todas as linhas de pensamento apresentadas no julgamento passaram pela internacionalização do direito tributário e o destaque do movimento global recente tendente a ampliação da transparência fiscal e a alcançar uma tributação fiscal mais justa, com a eliminação da evasão fiscal.

2. Os Princípios Internacionais Relacionados a Troca de Informações para Fins Fiscais

2.1. O Princípio da Transparência Fiscal

O princípio da transparência fiscal está intimamente ligado ao princípio da publicidade dos atos da administração pública, previsto no artigo 37 da Constituição Federal. O artigo 150, parágrafo 5º da Constituição, prevê que a lei determinará as medidas necessárias para que os consumidores sejam esclarecidos sobre o montante dos impostos que incidem sobre as mercadorias e os serviços. Mas, a transparência não é apenas uma preocupação do Poder Público, mas também dos particulares.

Com efeito, na esfera privada, onde as pessoas são obrigadas a se relacionar com consumidores, prestadores de serviços, fornecedores de mercadorias, investidores, entre outros, a transparência também é essencial, para que as relações se tornem firmes e confiáveis.

Nessa linha de raciocínio, e aproximando-se da questão fiscal-tributária desde a edição da Lei nº 11.638, de 28 de dezembro de 2007, o Brasil tem acompanhado a onda mundial de convergência dos padrões contábeis, sendo que a principal finalidade dessa convergência é o estabelecimento de padrões mundiais de contabilidade a fim de facilitar o entendimento da situação financeira das companhias para seus investidores e agentes do mercado.

O princípio da transparência fiscal também serve de fundamento para diversas outras modificações realizadas na legislação financeira e tributária como a edição da Lei de Responsabilidade Fiscal, a criação da regra geral antielisiva do parágrafo único do artigo 116 do Código Tributário Nacional, a implementação da transparência fiscal internacional pelo artigo 74 da Medida Provisória nº 2.158-35, de 24 de agosto de 2001, a criação dos chamados regimes fiscais privilegiados pela Lei nº 11.727, de 23 de junho de 2008, as modificações na tipificação dos paraísos fiscais promovidas por esta mesma Lei e pela Lei nº 12.249, de 11 de junho de 2010, entre outros.

De acordo com Ricardo Lobo Torres:

> A transparência fiscal é um princípio constitucional implícito. Sinaliza no sentido de que a atividade financeira deve se desenvolver segundo os ditames da clareza, abertura e simplicidade. Dirige-se assim ao Estado como à Sociedade, tanto aos organismos financeiros supranacionais quanto às entidades não-governamentais. Baliza e modula a problemática da elaboração do orçamento e da sua gestão responsável, da criação de normas antielisivas, da abertura do sigilo bancário e do combate à corrupção.[34]

No campo do direito tributário internacional, o princípio da transparência é destinado a combater o uso indevido de paraísos fiscais, e regimes fiscais privilegiados, que propiciam o deslocamento da renda a fim evitar a sua tributação ou reduzir a carga tributária a valores ínfimos, causando prejuízos às sociedades.

É importante destacar que não se pode confundir o "princípio da transparência fiscal" com as "regras de transparência fiscal internacional", este último termo utilizado por alguns doutrinadores para se referirem as regras de tributação de lucros não disponibilizados, auferidos por controladas ou coligadas no exterior (artigo 74 da Medida Provisória nº 2.158-35/2001 e artigos 76 a 91 da Lei nº 12.973/2014).

Sobre o princípio da transparência fiscal, Sérgio André Rocha nos alerta sobre a sua possível colisão com outros princípios e direitos fundamentais:

[34] Torres, Ricardo Lobo. O PRINCÍPIO DA TRANSPARÊNCIA NO DIREITO FINANCEIRO. Disponível em: < http://www.google.com.br/url?sa=t&rct=j&q=&esrc=s&source=web&cd=6&ved=0ahUKEwix1YmArbzUAhWBDZAKHWY6BXYQFghUMAU&url=http%3A%2F%2Fwww.agu.gov.br%2Fpage%2Fdownload%2Findex%2Fid%2F886223&usg=AFQjCNED2ztPk8ihLsbbCcaQ6BT8CBFaAg >, consultado em 06/2017.

O princípio da transparência é um princípio que, na visão alexyana, tende a colidir com outros princípios e direitos fundamentais, impondo a ponderação como forma de decisão, em cada momento de concretização. A transparência pode colidir com direitos caros à sociedade, como aqueles referentes à intimidade e à vida privada, ao sigilo fiscal, à proteção aos segredos industriais e a outros que tenham a mesma natureza.[35]

Dessa forma, a aplicação desse princípio deve ser realizada de forma harmônica com os demais princípios constitucionais internos e observados o contexto das limitações fáticas e jurídicas.

O ponto central do presente trabalho é justamente a análise da linha tênue que delimita o sigilo fiscal e bancário e a transparência, a fim de alcançar a máxima efetividade e proteção a direitos dos sujeitos passivos tributários.

2.2. O Princípio da Cooperação Internacional

A Constituição Federal brasileira, em seu artigo 4º, inciso IX, dispõe que a República Federativa do Brasil é regida nas suas relações internacionais pela cooperação entre os povos para o progresso da humanidade. Assim, percebe-se que o princípio da cooperação internacional está expresso no Texto Maior brasileiro.

O respeito a tal princípio é necessário para possibilitar o estreitamento das relações internacionais que, por sua vez, é essencial ao desenvolvimento da economia dos países.

O atual Ministro do Supremo Tribunal Federal, Dias Toffoli, quando ainda era membro da Advocacia Geral da União – AGU e Virgínia Charpinel Junger Cestari, em artigo denominado "Mecanismos de Cooperação Jurídica Internacional" já alertavam que:

> Na esteira do exposto, a cooperação internacional é essencial à medida em que, proporcionando o estreitamento das relações entre países, por meio da intensificação da assinatura de tratados, convenções e protocolos, fundamentados na reciprocidade e auxílio mútuo facilita o intercâmbio de soluções para problemas estatais quando o aparato judicial/administrativo de

[35] Rocha. Sérgio André. **Troca Internacional de Informações para Fins Fiscais.** São Paulo: Quartier Latin, 2015. p. 61.

> um determinado estado se mostra insuficiente à solução da controvérsia, necessitando recorrer ao auxílio de quem lhe possam prestar outras nações. Em nome dessa nova realidade, concepções ultrapassadas acerca do conceito de soberania necessitaram ser afastadas, sendo injustificável o receio de que a cooperação internacional ofenda o poder soberano de cada país, mesmo porque o atendimento aos pedidos de cooperação se condicionam à sua consonância aos preceitos da ordem pública e do interesse nacional.[36]

Vale aqui destacar que no âmbito internacional não existe uma norma escrita que torne a cooperação fiscal internacional uma obrigação legal dos Estados Soberanos. Dessa forma, a cooperação fiscal é um fim a ser alcançado.

Com base nessa premissa, o doutrinador Carlos Maria López Espafador nega a existência do princípio da cooperação fiscal internacional. Veja-se:

> A nosso entender, não existe um princípio de Direito Internacional ou costume internacional que obrigue os Estados a cooperar na aplicação e arrecadação de tributos estrangeiros. Se existisse tal norma, não seriam necessários os convênios internacionais e outros textos internacionais – pense-se em textos normativos de Direito Comunitário derivado – que estabelecem mecanismos de cooperação nessa matéria. Mas também se poderia pensar que tais convênios internacionais nasceriam para dar segurança jurídica na matéria, codificando um costume internacional que já existisse a respeito deles.
>
> Porém, na comparação desses dois argumentos distintos e vista a forte caracterização territorial do Direito Tributário, não se pode afirmar que os Estados se sintam obrigados por tal hipotético costume internacional. [...].[37]

[36] Toffoli, José Antonio Dias; Cestari, Virgínia Charpinel Junger. *In* Mecanismo de Cooperação Jurídica Internacional no Brasil. Disponível em : < http://www.google.com.br/url?sa=t&rct=j&q=&esrc=s&source=web&cd=2&ved=0ahUKEwjdqsDhub7UAhVLEpAKHfKCB84QFggvMAE&url=http%3A%2F%2Fwww.agu.gov.br%2Fpage%2Fdownload%2Findex%2Fid%2F1070064&usg=AFQjCNEeB56gFbKv0ejMARx-hxkmvLJI5w > consultado em 01/06/2017.

[37] López Espafador, Carlos Maria. **Príncipios** Básicos de **Fiscalidad Internacional**. Barcelona: Marcial Pons, 2010. p. 60.

Há de se destacar que a cooperação fiscal internacional entre os Estados Soberanos, no que se refere a troca informações, deve observar certas limitações, em especial a equivalência, a reciprocidade, a subsidiariedade, especialidade e confidencialidade.

A equivalência se dirige a limitar a troca de informações fiscais quando o Estado solicitado puder obter as informações sem violar as suas regras internas. Já a reciprocidade diz que um Estado só deve esperar que o outro lhe ceda informações quando também estiver disposto a fornecer as informações que detém, bem como que essa troca de informações não deve ser vista de forma restritiva, como se por uma informação recebida o estado solicitado irá fornecer apenas uma outra informação.

Nessa esteira, a subsidiariedade diz que as informações devem ser buscadas em outro Estado Soberano apenas quando restarem esgotados os meios para obtê-las de acordo com os mecanismos unicamente internos.

A especialidade aponta que, assim como na legislação interna brasileira, a informação obtida deve ser utilizada unicamente para a finalidade pela qual foi requerida, não podendo ser amplamente compartilhada ou divulgada.

Por último, a regra da confidencialidade busca garantir que a informação recebida por um Estado Soberano deverá ficar assegurada pelo devido sigilo, impossibilitando a sua ampla divulgação.

2.3. Os Princípios da Moralidade e da Proporcionalidade

Os princípios constitucionais da moralidade estão implícitos já no texto constitucional brasileiro, em especial naqueles a serem observados na relação da administração pública com seus administrados (artigo 37 da Constituição Federal).

José Afonso da Silva faz um importante destaque sobre a questão do princípio da moralidade quando a análise da questão se der sob a ótica interna do Direito Brasileiro:

> [...] A ideia subjacente ao princípio é a de que a moralidade administrativa não é a moralidade comum, mas a moralidade jurídica. Essa consideração não significa necessariamente que o ato legal seja honesto. Significa, como disse Hauriou, que a moralidade administrativa consiste no conjunto de 'regras de conduta tiradas da disciplina interior da Administração'.

> Pode-se pensar na dificuldade de que será desfazer um ato, produzido conforme a lei, sob o fundamento de vício de imoralidade. Mas, isso é possível porque não é meramente subjetiva, porque não é puramente formal, porque tem conteúdo jurídico a partir de regras e princípios da Administração. A lei pode ser cumprida moralmente ou imoralmente.[38]

Como se pode ver, o princípio da moralidade no âmbito jurídico não deve ser visto de maneira isolada como a moralidade da pessoa, mas como a moralidade da lei. Em regra, cumprir a lei seria moral. Porém, em muitos casos não é. Exemplo disso é a aplicação de uma norma tida por inconstitucional.

Para Humberto Ávila, a aplicação do princípio da moralidade exige "a realização ou preservação de um estado de coisas exteriorizado pela lealdade, seriedade, zelo, postura exemplar, boa-fé, sinceridade e motivação."[39]

Não obstante tenhamos nos debruçado sobre o princípio da moralidade sob a ótica do direito interno brasileiro, as mesmas premissas devem ser aplicadas quando olhado o mesmo princípio à luz do direito internacional.

Nessa linha, dizemos que as discussões relativas as trocas de informações estão intimamente ligadas ao princípio da moralidade. Isso porque, a transparência das informações fiscais dos sujeitos passivos deve ser ponderada com a moralidade da administração pública.

A interpretação e aplicação harmônica dos princípios da transparência e cooperação com o princípio da moralidade é fundamental, não podendo qualquer um deles se sobrepor aos demais. Somente dessa forma os direitos fundamentais dos contribuintes, tais como o sigilo fiscal e o devido processo legal, serão efetivamente respeitados.

Já o princípio da proporcionalidade não está expresso no Texto Constitucional ou em qualquer outra norma de direito interno ou internacional. O referido princípio prevê que a intervenção da administração pública na vida privada de seus administrados deve ser realizada apenas quando necessária e adequada para a proteção de direitos públicos ou

[38] Da Silva. José Afonso. **Curso de Direito Constitucional Positivo.** 39ª Edição. São Paulo: Malheiros, 2016. pg. 677.

[39] Ávila, Humberto. **Teoria dos Princípios: da definição à aplicação dos princípios jurídicos.** São Paulo: Malheiros, 2003. pg. 71.

coletivos de maneira proporcional. Em linhas gerais, o resultado de uma ponderação entre os limites impostos pela atuação do Estado.

Luís Roberto Barroso traz importante nota sobre o princípio da proporcionalidade, ao afirmar que:

> [...] permite ao Judiciário invalidar atos legislativos ou administrativos quando: a) não haja adequação entre o fim perseguido e o instrumento utilizado (adequação); b) a medida não seja exigível ou necessária, havendo meio alternativo menos gravoso para chegar ao mesmo resultado (necessidade/ /vedação de excesso); c) não haja proporcionalidade em sentido estrito, ou seja, o que se perde com a medida é de maior relevo do que aquilo que se ganha (proporcionalidade em sentido estrito)[40].

Podemos dizer que o princípio da proporcionalidade está implícito em diversos outros mandamentos da Constituição Federal, como os princípios da isonomia tributária, do não confisco, da capacidade contributiva e outros.

Desta feita, o princípio da proporcionalidade tem um importante papel quanto ao instituto da troca de informações fiscais entre Estados Soberanos, pois deve ser harmonizado com as proteções dos direitos fundamentais dos contribuintes.

2.4. A Proteção de Dados na União Europeia

A discussão sobre a necessidade de preservação do direito ao sigilo fiscal e bancário no Brasil não é nova e não se iniciou no Brasil. Com efeito, nos anos 60 os países europeus já discutiam a necessidade de se garantir a proteção do processamento dos dados pessoais de seus cidadãos.

No ano de 1968 o Conselho da Europa apresentou um questionamento ao Comitê de Ministros sobre a existência de dispositivos na Carta de Direitos Humanos dos países Europeus capazes de garantir a segurança no processamento de dados dos indivíduos.

A resposta do Comitê de Ministros foi no sentido de que a legislação até então vigente apenas de questões gerais relativas à privacidade, não havendo nada específico sobre o tratamento dos dados fiscais. Assim, foi

[40] Barroso, Luís Roberto. **O Novo Direito Constitucional Brasileiro**. Belo Horizonte: Editora Fórum, 2013. Pág. 168.

recomendado que os países europeus legislassem internamente sobre medidas para garantir a proteção ao tratamento dos dados, enfatizando ainda que os Estados Membros do Conselho Europeu elaborassem essas leis de acordo com os acordos internacionais.

Já no ano de 1976 o Conselho da Europa começou a preparar uma Convenção Internacional para estabelecer alguns princípios básicos referente a proteção de dados. No mesmo período, a OCDE buscou harmonizar a proteção de dados através da redação de diretrizes destinadas aos Estados-membros, especialmente referente à transmissão de dados entre países.

Pouco tempo depois, no ano de 1979, o Parlamento Europeu recomendou à Comissão das Comunidades Europeias a adoção de uma resolução regulamentadora sobre a privacidade e o processamento dados, bem como advertir sobre a necessidade de uma harmonização das legislações dos países europeus a fim de evitar qualquer violação ao direito à privacidade e aos direitos e garantias individuais. Assim, em janeiro de 1980, a OCDE apresentou "Diretrizes sobre a Proteção à Privacidade e o Fluxo Transnacional de Informações Pessoais"[41].

No ano seguinte, o Conselho da Europa assinou a "Convenção para a proteção dos indivíduos no processamento automático de dados pessoais"[42], que entrou em vigor no ano de 1985. Essa última convenção foi elaborada nos termos das orientações da OCDE, apresentando procedimentos e obrigações a serem observadas pelos Estados no intercâmbio de dados ao abranger desde o armazenamento, a coleta e até a disseminação dos dados, tais como: a obrigação de proteger dados, o direito ao acesso e à correção de dados. Essa Convenção ainda estabelecia que os dados somente poderiam ser obtidos e processados de maneira justa, adequada, relevante e não excessiva, após comprovação da existência de um propósito específico, devendo os dados serem exatos, atualizada e armazenados apenas pelo período necessário para o fim que foi solicitado.

[41] OECD, *Governing the Protection of Privacy and transborder flows of personal data.* Disponível em: < http://www.oas.org/es/sla/ddi/docs/oecd%20guidelines%20governing%20the%20protection%20on%20privacy%20and%20transborder %20flows%20of%20personal%20data.pdf > consulta em 01/06/2017.

[42] OECD, *Convention for the Protection of individuals with regard to Automatic Prossessing of Personal Data,* Disponível em: < https://rm.coe.int/1680078b37 > consulta em 01/06/2017.

Também ficou estabelecido que o indivíduo a quem pertencer as informações estavam sendo tratadas teria o direito de consultá-las, obter cópia e corrigir eventuais erros ou omissões.

Todavia essa Convenção não foi aproveitada da forma como prevista, por diversos motivos, dentre os quais podemos citar o fato de ela ter sido publicada tardiamente quando a maioria dos países já haviam elaborado a sua legislação interna. Da mesma forma, existiam conceitos vagos que possibilitavam diversas interpretações.

Dessa forma, no ano de 1996 foi elaborada a Diretiva 95/46/EC que apresentou um padrão mínimo de segurança jurídica (interpretativa) para a proteção dos direitos e garantias individuais, ao tratar da manipulação e do processamento de dados pessoais, seja de forma manual, automática ou eletrônica, bem como apresentava os princípios da finalidade e da qualidade dos dados.

Essa diretiva foi revogada 20 anos depois pela Diretiva 2016/680/CE, que reafirmou os princípios da finalidade e da qualidade das informações e inovou ao dispor sobre os poderes em regular a proteção de dados na era da tecnologia.

Como o próprio nome ressalta, o princípio da finalidade, disposto no artigo 4º da diretiva, determina que os dados somente podem ser coletados à luz de uma finalidade específica, previamente determinada e explícita, não podendo posteriormente serem utilizados para outros fins.

Já o princípio da qualidade dos dados prevê que esses devem ser processados de forma leal e lícita, utilizando meios adequados e não excessivos em relação à finalidade a que se destina, devendo ser exatos e atualizados, permanecendo arquivados apenas durante o período necessário para a finalidade ao qual foi solicitado.

Essa Diretiva de 2016 ainda apresenta expressamente o fato de que o direito à privacidade é um dos direitos fundamentais e impõe aos Estados a obrigação de igualar a proteção dos dados aos direitos e liberdades individuais, especialmente no tocante à manipulação, ao fluxo e ao repasse desses dados a terceiros.

Para reforçar tudo isso, os artigos 12 e 13 da Diretiva preveem que os dados referentes a uma pessoa podem ser recolhidos diretamente desta ou por meio de terceiros que os detenham.

Quando a informação for prestada pela própria pessoa, ela tem o direito de ser informada a respeito da identidade e dos contatos das pessoas que irão tratar os dados, a finalidade pela qual as informações estão sendo solicitadas, apresentar reclamação a um superior hierárquico e solicitar ao responsável pelo tratamento do acesso aos dados, bem como retificar qualquer incongruência.

Já pelo artigo 14 da Diretiva, os Estados-membros se comprometem a assegurar aos indivíduos o acesso aos seus dados pessoais que estão sob tratamento da autoridade pública, ainda sendo obrigados a informar a finalidade, os destinatários das informações, o prazo previsto para a sua conservação, garantir o direito a retificação dos dados e apresentar eventual reclamação.

O direito específico de retificar os dados está previsto no artigo 16 da Diretiva ao prever que o titular dos dados tem o direito de obter, sem demora injustificada do responsável pelo tratamento, a retificação dos dados pessoais inexatos que lhe digam respeito. Além disso, o dispositivo ressalva que o sujeito tenha o direito de apresentar informações adicionais, por meio de declaração.

Não bastando, o contribuinte tem o direito de receber a informação de todos os sujeitos que receberam os dados incorretos, a fim de que tudo seja devidamente retificado.

Também ficou ressalvado o direito ao esquecimento. Isto é, aquele dado incorreto deve ser apagado, da mesma forma aquele dado que deixou de ser relevante também deve ser apagado, para que situações que deixaram de existir não mais sejam utilizadas equivocadamente.

A Diretiva também deve informar ao sujeito o fato de ter sido violado o direito ao sigilo dos dados, inclusive a mera tentativa, sendo apontado quem foi o violador do direito.

Por fim, a Diretiva não veda a possibilidade de troca de informações entre países, desde que os países demonstrem um nível adequado de proteção desses dados. Essa mensuração é realizada por meio da análise da legislação do país recebedor da informação.

3. A Sociedade de Risco e a Troca de Informações Fiscais Entre Países

Ao estudar o tema é impossível não passar pelas lições de Ulrich Beck, um sociólogo polonês que se tornou mundialmente conhecido após a publicação do seu estudo *Risck Society* ou, em tradução livre, Sociedade de Risco.

De acordo com esse autor, a sociedade puramente industrial, que tinha como característica principal a produção e distribuição de bens, sofreu fortes alterações e passou a ser considerada uma sociedade de risco, caracterizada pelo fato de que a distribuição dos riscos não é proporcional às diferenças sociais, econômicas e geográficas.

Os riscos da sociedade de riscos não são aqueles naturais, mas decorrem do desenvolvimento técnico da sociedade ou da forma como os seres humanos passaram a exercer sua superioridade em relação as demais espécies. A partir de um dado momento, a imprevisibilidade das situações decorre da criação do próprio ser humano na busca do aumento do conhecimento, do poder e da riqueza.

Até o momento não há na doutrina um consenso acerca da melhor denominação a ser dada ao período e iniciado no começo do século passado e que vivemos até hoje. Alguns chamam de modernidade reflexiva, pós-modernidade, super-modernidade, etc..[43]

[43] BITTAR, Eduardo C. B. **O Direito na Pós-Modernidade**. Rio de Janeiro: Forense Universitária, 2005. p. 96 e 97.

Ulrick Beck tratando do tema diz que a modernidade reflexiva representa "possibilidade de uma (auto) destruição criativa para toda uma era: aquela da sociedade industrial". Em complemento ainda destaca que "o 'sujeito' dessa destruição coletiva não é a revolução, não é a crise, mas a vitória da modernização ocidental."[44]

Com efeito, o desenvolvimento da ciência (em todas as suas áreas) e da técnica não permitem mais prever e controlar riscos, o que vem gerando consequências graves para a saúde, o meio ambiente e outras situações, cujos resultados são desconhecidos e quando descobertos, a possibilidade de sua reversão pode ser impossível.

Ulrich Beck ao tratar do tema das sociedades de risco analisou também os riscos econômicos, tais como as oscilações dos mercados financeiros internacionais, sendo que esses riscos geraram um novo modelo de capitalismo e de economia.

Em estudo específico sobre a relação da sociedade de risco e a tributação, Sérgio André Rocha destaca que:

> A sociedade industrial, desenvolvida sobre o arcabouço político-econômico do liberalismo, convivia com riscos sociais que eram controláveis por intermédio da ação do legislador, donde terem tido destaque nesse período histórico as crenças na inafastabilidade do legislador na regulação da vida em sociedade.
>
> [...]
>
> Na sociedade de risco, todavia, os riscos coletivos transcendem a competência controladora do legislador, ao mesmo tempo em que inviabilizam a socialização de seus custos por todos os indivíduos mediante contrato de seguro.
>
> [...]
>
> O tema da sociedade de risco e seus efeitos é riquíssimo e tem diversos pontos de interseção com a ordem jurídica, imbricando-se pelos vários 'ramos' do Direito, inclusive o Direito Tributário. Como destaca Ricardo Lobo Torres, 'a sociedade de risco se caracteriza por algumas notas relevantes: a

[44] Beck, Ulrich. "**A Reinvenção da Política: Rumo a uma Teoria da Modernização Reflexiva**". In: Giddens, Anthony; Beck, Ulrich; Lash, Scott. Modernização Reflexiva: Política, Tradição e Estética na Ordem Social Moderna. Tradução Magda Lopes. São Paulo: Editora UNESP, 1997. p. 12. Sobre a reflexividade da modernidade ver também: Giddens, Anthony, As Conseqüências da Modernidade, 1991, p. 16.

ambivalência, a insegurança, a procura de novos princípios e o redesenho do relacionamento entre as atribuições das instituições do Estado e da própria sociedade'."[45]

Quando olhamos a relação entre o Fisco e contribuintes nos dias atuais, verifica-se que se encontram presentes nas mesmas, a ambivalência e a insegurança, que clamam pela alteração dos modelos atuais.

Como se pode ver, a relação entre o direito e a sociedade de risco é clara. Questões como ambivalência, complexidade e insegurança, colocam desafios a todos os operadores do direito. O risco de uma crise econômica mundial que leve a pauperização de alguns Estados soberanos coloca em discussão a rigidez dos direitos fundamentais dos contribuintes.

O principal remédio apontado pelos estudiosos da sociedade de risco está relacionado a transparência, a solidariedade, a proporcionalidade, a ponderação, a tolerância e a responsabilidade[46].

Outra importante característica que destaca o início da sociedade de risco está no fato de que a partir de certo momento o Estado passou a assumir diversas responsabilidades, a fim de garantir uma vida social digna a todos os seus cidadãos. Para o financiamento de tais atividades surgiu a necessidade de aumento da arrecadação tributária e, com isso, o risco da quebra do Estado.

É de se ressaltar que tal situação ficou ainda mais evidente a partir do ano de 2001, quando os Estados Unidos declararam "Guerra ao Terror" em contrapartida aos atentados terroristas sofridos em 11 de setembro daquele ano. Desde então o crescimento de organizações terroristas e os próprios atentados é notório.

Assim, o tema relativo ao intercâmbio de informações para fins tributários cresceu. Isso porque, a evasão fiscal pode estar relacionada à lavagem de dinheiro, e ao financiamento de atividades criminosas, tais como o próprio terrorismo, o tráfico de drogas, crimes cibernéticos, venda ilegal de armas, etc. É que a opacidade das operações financeiras, em

[45] ROCHA, Sergio André. A Tributação na Sociedade de Risco. **Direito Tributário Atual**, v. 24. 2010 p. 1.

[46] Cf. TORRES, Ricardo Lobo, **Tratado de Direito Constitucional, Financeiro e Tributário: Valores e Princípios Constitucionais Tributários**, Rio de Janeiro: Renovar, 2005,V. II. p. 179.

algumas situações, permite a utilização de rotas internacionais sigilosas para o fluxo do dinheiro utilizado para financiar tais operações.

Além disso, a crise financeira iniciada em 2008 alertou aos países de tributação regular para a necessidade de fiscalização dos capitais irregulares desviados para os chamados "paraísos fiscais" ou países de tributação favorecida, que reduzem substancialmente a sua receita. Além disso, o aumento da arrecadação é necessário para a reestruturação das finanças públicas.

Trata-se de outro ponto de ligação entre a tributação e a sociedade de risco. Outra importante ferramenta do direito tributário para evitar comportamentos nocivos está na adoção do tributo com natureza extrafiscal. Por exemplo, aumenta-se a alíquota de certo tributo ou cria um novo tributo a fim de onerar a remessa de valores a locais indesejados a fim de evitar a evasão tributária e o próprio deslocamento indevido das fontes de renda.

A perda de arrecadação dos Estados em razão da alteração dos locais de geração e tributação da renda, por meio de planejamentos tributários, é o principal fator para ampliação do estudo e adoção de procedimentos para troca de informações.

Essa nova situação, influi certamente no próprio conceito clássico de legalidade tributária, a partir do qual uma obrigação tributária, seja ela principal (pagamento de tributo) ou acessória (obrigação de declarar), somente poderia ser exigida quando o fato ocorrido no mundo real se enquadre perfeitamente na hipótese prevista no texto da lei, observado sob uma perspectiva estritamente literal. Essa visão clássica se prestava à segurança jurídica e uma proteção única do contribuinte.

Ocorre que a notável evolução dos negócios e a criação de novos modelos de operações econômicas, cada vez mais complexas, colocam em dúvida a ideia de legalidade tributária tradicional, bem como na ilusão da segurança jurídica. Assim, ganha espaço a concepção de legalidade tributária tradicionalmente sustentada no Brasil.

Esse tradicional conceito de legalidade tributária deu asas aos intérpretes da legislação, tanto do lado dos contribuintes como do Estado, ao desenvolvimento de planejamentos tributários, aumentando ou reduzindo a arrecadação de acordo com seus interesses.

Ramon Tomazela Santos destaca outro fator de risco dos tempos atuais:

> A concorrência fiscal internacional é um fenômeno inerente à coexistência de Estados com sistemas tributários autônomos e distintos no cenário internacional. A globalização e a mobilidade da renda expandiram as oportunidades para a migração dos fatores de produção e o deslocamento do capital, por meio da alocação de empreendimentos em outros Estados ou a realização de negócios jurídicos com empresas localizadas em paraísos fiscais. Os Estados centrais experimentam a erosão de suas bases tributáveis, em razão da adoção de práticas para a atração de capitais e investimentos estrangeiros por centros *offshore*, sobretudo media a redução ou extinção da pressão fiscal e a proteção de informações, seja de caráter bancário ou fiscal, seja de cunho societários ou empresarial.[47]

Em respeito ao princípio da proporcionalidade e a necessidade de manutenção da paz social, outros cuidados são necessários no compartilhamento das informações que a princípio seriam destinadas simplesmente para fins tributários ou a apuração de crimes relacionados, tais como a evasão fiscal.

Todavia, essa questão da troca de informações fiscais resvala mais uma vez no problema da ambivalência, uma vez que a sua efetiva realização coloca tanto o contribuinte como os órgãos de administração tributária em situações certamente indesejadas por ambos.

A troca de informações pode possibilitar que as informações compartilhadas possam ser roubadas por *hackers* ou outros tipos de criminosos que possam utilizá-las para a realização de crimes, tais como extorsão ou imposição de domínio em razão de crenças religiosas e afins. Ricardo Lobo Torres destaca o seguinte:

> Nessa lógica ambivalente, cada medida adotada para a solução de problemas de determinado grupo de pessoas traz em si mesma a criação de problemas para outro grupo de pessoas. Em consequência, a liberdade crescente de uns pode representar, ou até mesmo ser a causa, de uma maior opressão.
>
> [...]

[47] SANTOS, Ramon Tomazela. A Ampliação da Troca de Informações nos Acordos Internacionais para evitar a Dupla Tributação da Renda – entre o Combate à Evasão Fiscal e a Proteção dos Direitos dos Contribuintes. **Revista de Direito Tributário Atual**. São Paulo nº 31, 2014. Pg. 119.

> Diante da insuficiência dos modelos binários, tão caros à primeira modernidade, o desafio na sociedade de risco é conviver com a ambivalência, a partir de uma atitude calculista em relação às possibilidades de ação e do controle de riscos pela probabilidade. Assim, pelo conhecimento da realidade passada, os agentes sociais assumem os riscos e procuram se precaverem relação à possibilidade de ocorrência dos perigos previstos por meio do seguro. Com a neutralização ou minimização dos riscos num equilíbrio entre confiança e risco aceitável, atinge-se a ideia de segurança.[48]

Assim, podemos dizer que a evolução da sociedade, passando a ser chamada de "sociedade de risco" possui grande influência no estudo e na criação de sistemas para a troca de informações para fins fiscais que, com base no princípio da cooperação, buscam a manutenção de um ambiente mais previsível e saudável.

[48] RIBEIRO, Ricardo Lodi. Globalização, Sociedade de Risco e Segurança. **Revista de Direito Administrativo**, Rio de Janeiro, v. 246, p. 267-287, set. 2007. ISSN 2238-5177. Disponível em: <http://bibliotecadigital.fgv.br/ojs/index.php/rda/article/view/41660>. Acesso em: 14 Fev. 2018. doi:http://dx.doi.org/10.12660/rda.v246.2007.41660.

4. A Troca de Informações nos Tratados Assinados Pelo Brasil

As normas que dizem respeito a troca de informações entre países têm caráter instrumental. Essas normas não impõem regras aos contribuintes residentes em cada um dos Estados signatários do acordo, mas ao próprio Estado como pessoa de direito público.

A despeito de as normas que regulam a troca de informações possuírem natureza distinta das normas que visam eliminar a dupla tributação da venda, as primeiras usualmente são encontradas nos Tratados destinados evitar a dupla tributação, pois dentre as finalidades comuns de ambas as normas está a de evitar a evasão fiscal.

Atualmente, a maioria dos Tratados Internacionais assinados pelo Brasil[49], destinados a evitar a dupla tributação da renda e prevenir a evasão fiscal, seguem o modelo da OCDE[50], antes da revisão de 2005, não obstante a política brasileira adotada para a celebração desses Tratados Internacionais impõem importantes modificações às convenções, que em alguns pontos se aproximam do modelo da ONU.

[49] Até janeiro de 2018 existiam 33 desses Tratados em vigor.

[50] África do Sul, Alemanha (denunciado no ano de 2005), Argentina, Áustria, Bélgica, Canadá, Chile, China, Coréia do Sul, Dinamarca, Equador, Eslováquia, Espanha, Filipinas, Finlândia, França, Hungria, Índia, Israel, Itália, Japão, Luxemburgo, México, Noruega, Países Baixos, Peru, Portugal, República Tcheca, Rússia, Suécia, Trinidad e Tobago, Turquia, Ucrânia e Venezuela.

A despeito de o Brasil vir celebrando esses acordos desde 1960, sendo o primeiro deles com o Japão, suas convenções não se mostram uniformes, seja por força das exigências políticas brasileiras, seja em razão das revisões e alterações promovidas pela OCDE em sua Convenção Modelo.

Num passado mais recente, o Brasil passou a celebrar Convenções específicas sobre a Troca de Informações para fins fiscais, dos quais destacamos aqueles celebrados com os Estados Unidos e dos acordos com Guernsey, Ilhas Bermudas, Ilhas Cayman, Jersey, Reino Unido e Uruguai.

Assim, passaremos a análise desses acordos por ordem cronológica.

4.1. O Artigo 26 nos Tratados Assinados pelo Brasil de Acordo com a Convenção Modelo Sobre a Tributação da Renda e do Capital da OCDE

A Convenção Modelo da OCDE cuida da troca de informações em seu artigo 26. Tendo em vista que esse modelo de tratado é a base dos adotados em todo o mundo, podemos dizer que esta regra é a base principal para a troca de informações entre países. Acreditamos que esse dispositivo venha a perder espaço, por força da Convenção Multilateral sobre Assistência Mútua em Matéria Fiscal, que será tratado também neste trabalho.

É comum verificar nas convenções celebradas no Brasil uma ausência de uniformidade na ordem das regras. Considerando que a análise de cada uma das convenções assinadas pelo Brasil é trabalho repetitivo, realizaremos a análise do artigo 26 seguindo a ordem que consta da Convenção Modelo da OCDE.

Por ser o mais recente acordo assinado pelo Brasil e por conter texto mais completo, transcrevemos abaixo o artigo 26 do Acordo Firmado com a Turquia, promulgado pelo Decreto nº 8.140, de 14 de novembro de 2013:

> Artigo 26
> TROCA DE INFORMAÇÕES
> 1. As autoridades competentes dos Estados Contratantes trocarão entre si informações previsivelmente relevantes para a aplicação das disposições do presente Acordo ou para a administração ou cumprimento da legislação interna relativa aos impostos de qualquer espécie e descrição exigidos por

conta dos Estados Contratantes, ou de suas subdivisões políticas ou autoridades locais, na medida em que a tributação nela prevista não for contrária ao Acordo. A troca de informações não está restrita pelos Artigos 1 e 2 deste Acordo.

2. Quaisquer informações recebidas na forma do parágrafo 1 deste Artigo por um Estado Contratante serão consideradas secretas da mesma maneira que informações obtidas sob a legislação interna desse Estado e serão comunicadas apenas às pessoas ou às autoridades (incluindo tribunais e órgãos administrativos) encarregadas do lançamento ou da cobrança dos impostos referidos no parágrafo 1, da execução ou instauração de processos relativos a infrações concernentes a esses impostos, da apreciação de recursos a eles correspondentes, ou da supervisão das atividades precedentes. Essas pessoas ou autoridades utilizarão as informações somente para esses fins. Elas poderão revelar as informações em procedimentos públicos nos tribunais ou em decisões judiciais.

3. Em nenhum caso, as disposições dos parágrafos 1 e 2 deste Artigo serão interpretadas no sentido de impor a um Estado Contratante a obrigação de:

a) tomar medidas administrativas contrárias às suas leis e práticas administrativas ou às do outro Estado Contratante;

b) fornecer informações que não possam ser obtidas com base na sua legislação ou no curso normal de suas práticas administrativas ou nas do outro Estado Contratante;

c) fornecer informações que revelariam qualquer segredo comercial, empresarial, industrial ou profissional, ou processo comercial, ou informações cuja revelação seria contrária à ordem pública.

4. Se as informações forem solicitadas por um Estado Contratante de acordo com o presente Artigo, o outro Estado Contratante utilizará os meios de que dispõe para obter as informações solicitadas, mesmo que esse outro Estado não necessite de tais informações para seus próprios fins fiscais. A obrigação constante da frase anterior está sujeita às limitações do parágrafo 3 deste Artigo, mas em nenhum caso tais limitações serão interpretadas no sentido de permitir que um Estado Contratante recuse-se a prestar as informações somente porque essas informações não sejam de seu interesse no âmbito interno.

5. Em nenhum caso as disposições do parágrafo 3 deste Artigo serão interpretadas no sentido de permitir que um Estado Contratante recuse-se a prestar as informações somente porque tais informações são detidas por um

banco, por outra instituição financeira, por mandatário ou pessoa que atue na qualidade de agente ou de fiduciário, ou porque estão relacionadas com os direitos de propriedade de uma pessoa.

É de se salientar que o acordo celebrado pelo Brasil com a Turquia, por ter observado a nova redação dada após a realização da revisão do Modelo no ano de 2014 apenas acrescentou ao parágrafo segundo o seguinte trecho: "Não obstante o atrás disposto, a informação recebida por um Estado contratante pode ser usada para outros fins ao abrigo das leis de ambos os Estados e a autoridade competente do Estado fornecedor autorize esse uso."

4.1.1. *Artigo 26, Parágrafo 1 – O Espaço de Aplicação*

O parágrafo 1 do artigo 26 permite que as autoridades fiscais realizem a troca de quaisquer informações que possam ser relevantes, mesmo quando essas não estejam diretamente relacionadas ao cumprimento do acordo internacional. Dessa forma, a troca de informações não se limita ao critério subjetivo que corresponde às pessoas objeto do acordo (artigo 1) ou do critério objetivo que diz respeito aos impostos (artigo 2).

Isso quer dizer que a solicitação pode dizer respeito a qualquer pessoa (natural ou jurídica) que possua relação com o Estado Contratante, independentemente de sua nacionalidade ou local atual de residência, bem como a qualquer tributo que previsto na legislação de cada Estado Contratante.

Com exceção ao tratado assinado com a Turquia, os demais Tratados brasileiros em vigor não contemplam o critério da "previsível relevância" como requisito necessário para tornar legitima a solicitação de informações. Os Tratados assinados pelo Brasil trazem a regra da "necessidade de informação", sendo a única exceção o assinado com a Turquia. Todavia, em uma Revisão do Fórum Global sobre as práticas adotadas pelo Brasil na troca de informações, restou consignado que "os termos 'necessário' e 'relevante' são interpretados pelo Brasil em conformidade com o Comentário ao artigo 26 (1) da Convenção Tributária Modelo da OCDE"[51].

[51] OECD. Brazil: Peer Review Reports, Phase 2, Implementation of the Standard in Pratice. Paris: OECD, 2013. P. 91

Por esse motivo, não haveria distanciamento entre os Tratados brasileiros e o padrão internacionalmente aceito, à luz das recomendações da OCDE.

Além disso, a convenção celebrada com a Turquia é a única que contempla em sua redação a hipótese de troca de informações relacionadas a quaisquer tributos cobrados pelos Estados Contratantes. Algumas outras convenções se referem apenas aos tributos federais[52]. Dentre essas, algumas são ainda mais restritas e afirmam que a troca de informações somente poderá ser realizada para fins de aplicação da própria convenção, mas não para fins de aplicação da legislação interna[53].

Alguns doutrinadores como Luís Eduardo Schoueri classificam as cláusulas de maior abrangência como *major information clause* (cláusula grande), em contraposição à *minor information clause* (cláusula pequena), na qual somente seria possível a troca de informações necessárias para o cumprimento do acordo internacional para evitar a bitributação. O autor crítica que "seria mais adequada, nesse caso, a negociação de um acordo separado, com esse objetivo, dando-se, daí, espaço para adequada discussão, nos âmbitos dos parlamentos envolvidos, acerca da extensão da cooperação pretendida"[54].

Já para Ramon Tomazela Santos não haveria qualquer obstáculo para a ampliação do alcance da troca de informações dentro do próprio acordo para evitar a bitributação. Todavia, ainda sim, seria necessário renegociar os acordos celebrados pelo Brasil entre os anos de 1967 e 2005 ou, ao menos, ter seu protocolo alterado[55].

A Introdução aos Comentários à Convenção Modelo da OCDE destaca que, no processo de interpretação e aplicação dos Tratados inter-

[52] As assinadas com Argentina, Áustria, Bélgica, Canadá, Chile, China, Coréia do Sul, Dinamarca, Equador, Espanha, Filipinas, Finlândia, França, Holanda, Hungria, Índia, Israel, Itália, Japão, Luxemburgo, Noruega, Portugal, República Eslovaca, República Tcheca, Suécia, Trinidad e Tobago e Ucrânia.

[53] É o caso das convenções assinadas com Coréia do Sul, Filipinas, Holanda, Hungria, Itália, Japão, Luxemburgo, República Eslovaca e República Tcheca.

[54] SCHOUERI. Luís Eduardo. "Questões atuais da tributação e da cooperação internacionais". **Revista de Direito Tributário Internacional nº 2**. São Paulo: Quartier Latin, 2006. P. 75.

[55] SANTOS. Ramon Tomazela. O sigilo bancário e a mudança na jurisprudência do Supremo Tribunal Federal – **análise crítica da decisão proferida no Recurso Extraordinário nº 389.808 e seus efeitos perante terceiros. Revista Dialética de Direito Tributário**, São Paulo, nº 194, nov. 2011.

nacionais celebrados anteriormente, as alterações de redação no texto ou nos próprios comentários, em regra, são aplicáveis. Portanto, sempre que houver demanda na interpretação das cláusulas dos acordos assinados pelo Brasil, esse deve se dar de maneira dinâmica, pois refletem o consenso dos países-membros da OCDE.

Os acordos celebrados pelo Brasil nada dispõem sobre a forma com que essas trocas de informações sejam realizadas, isto é, se provocadas (mediante requisição ou pedido), se automaticamente ou espontaneamente.

O Professor Alberto Xavier destaca que existem três classificações relativas à iniciativa das trocas de informações:

> No que respeita à iniciativa, as trocas de informações classificam-se em a pedido (*on request*) automáticas e espontâneas. O art. 26 da Convenção Modelo OCDE, bem como o Modelo OCDE de Acordo de Troca de Informações, reporta-se exclusivamente às informações "a pedido", isto é, dependentes da iniciativa de um Estado interessado na sua obtenção.
> Ao lado delas, a prática internacional conhece o fenômeno das informações automáticas, de que nos ocuparemos adiante.
> Enfim, consideram-se espontâneas as informações que um Estado adquiriu por meio de certa fiscalização e que, por serem de interesse de outro Estado, a este são transmitidas, numa base casuística e independentemente de uma solicitação se sua iniciativa.[56]

Acreditamos que a tendência natural é que essas trocas de informações passem a ser automáticas, com a criação de mecanismos específicos para a sua realização, como a criação de sistemas de informática de compartilhamento e declarações periódicas, como já acontece no âmbito do FATCA, celebrado com os Estados Unidos.

Embora o que vimos até o momento dê a noção de que uma interpretação dinâmica, permita que os textos dos acordos celebrados pelo Brasil em conformidade com o modelo da OCDE o tornem cada vez mais abrangente, não são as informações relacionadas a todo e qualquer tributo que podem ser trocadas. A sua interpretação não pode ser exageradamente alargada.

[56] Xavier, Alberto. **Direito tributário internacional do Brasil.** 8ª ed. Rio de Janeiro: Forense, 2016. Pg. 776/777.

É que existem outros documentos específicos internacionais que possibilitam a troca de informações sobre outros tributos. Por exemplo, existem os acordos de Cooperação Aduaneira e os Acordos de Cooperação Técnica.

Dos acordos assinados pelo Brasil, nenhum prevê a troca de informações automática sobre todo e qualquer sujeito. Assim, deve haver uma prévia solicitação de um dos Estados Contratantes e que a informação pretendida tenha uma "relevância previsível". Tal exigência é bem explicada por Ramon Tomazela Santos[57]:

> Retomando-se o curso da análise, é bom lembrar que informação solicitada dever ter *relevância previsível* (*foreeseable relevance*) para o Estado requerente e o pedido deve ser instruído com a identificação da pessoa fiscalizada, a informação pretendida, o propósito da solicitação e os motivos que levam o Estado requerente a acreditar que o outro Estado contratante pode ter acesso as informações solicitadas. Trata-se de providência inserida no contexto da proibição às investigações aleatórias (*fishing expedition*), para que a Administração Tributária estrangeira não requisite informações sem um objetivo predefinido, simplesmente para verificar se encontra qualquer caso de evasão fiscal. A exigência da *relevância previsível* também impede que a solicitação de informação seja utilizada como instrumento de represália contra o contribuinte, por questões políticas ou sociais.

O professor Alberto Xavier aponta seu entendimento no sentido de que a evolução do instituto da troca de informações entre países possibilita que um pedido não seja formulado no bojo de um processo específico destinado a avaliar uma específica informação, passando o pedido de recebimento de informações a ter um caráter mais abstrato.

Não nos filiamos a esse entendimento, a despeito de entender que o futuro próximo possibilitará a troca de informações automáticas, independentemente de solicitação. É que a legislação brasileira e a interpretação dada pelos tribunais nacionais ainda valorizam o sigilo fiscal e bancário, a despeito das decisões mais recentes proferidas pelo STF

[57] SANTOS, Ramon Tomazela A Ampliação da Troca de Informações nos Acordos Internacionais para evitar a Dupla Tributação da Renda – entre o Combate à Evasão Fiscal e a Proteção dos Direitos dos Contribuintes. **Revista de Direito Tributário Atual**. São Paulo nº 31, 2014. p. 314.

(vide item 1.4.2.1 deste trabalho). E não é só. A Convenção Modelo da OCDE de 2003 afirmava que a informação solicitada deveria ser "necessária" para o Estado solicitante, sendo que esse termo foi substituído na revisão realizada no ano de 2005 por "relevância previsível", tudo isso a fim de impedir as chamadas *fishing expeditions*.

Alberto Xavier ainda destaca que o pedido de informação deve ter caráter supletivo, isto é, o pedido somente se mostra legítimo quando o Estado solicitante demonstrar que já esgotou os meios possíveis dentro de sua jurisdição para conseguir a informação pretendida. Na doutrina também é possível encontrar quem chame essa exigência de 'princípio da exaustão' ou no inglês *exhaustion principle*.

4.1.2. *Artigo 26, Parágrafo 2 – Necessária Manutenção do Sigilo*

O dispositivo em referência prescreve que as informações obtidas por um Estado devem manter sua confidencialidade, isto é, deve ser mantido o sigilo fiscal e bancário do contribuinte, preservando a sua honra e dignidade. As informações obtidas devem manter o mesmo grau de sigilo previsto na legislação interna do país que o recebeu.

Além disso, as informações recebidas pelo Estado no bojo do Acordo Internacional para evitar a dupla tributação devem ser utilizadas para fins estritamente fiscais, isto é, para fins de cobrança de tributos previstos na legislação interna e os crimes decorrentes da ausência desse pagamento ou da sua declaração, salvo se a cláusula contida no acordo, depois de negociado, assim permitir.

Vale aqui ressaltar que esse tipo de exigência não é exclusivo nos acordos celebrados para tratar de matéria tributária. Mais uma vez, o trabalho de Ramon Tomazela Santos nos lembra da Ação Penal nº 483/ /SP do Supremo Tribunal Federal ("Caso Maluf"), no qual foi discutida a possibilidade de utilização pelo Brasil de informações recebidas por autoridade Suíça para a instrução de ações penais, também para fins tributários. A conclusão naquele caso foi o de que aquelas provas não poderiam ser utilizadas para fins de realização de lançamento tributário[58].

[58] Santos. Ramon Tomazela. O sigilo bancário e a mudança na jurisprudência do Supremo Tribunal Federal – análise crítica da decisão proferida no Recurso Extraordinário nº 389.808 e seus efeitos perante terceiros. **Revista Dialética de Direito Tributário**, São Paulo, nº 194, nov. 2011. Pág. 131.

Outrossim, deve sempre ser lembrado que não é qualquer pessoa pertencente ao Estado Contratante que poderá solicitar as informações a outro Estado Contratante. O texto dos Acordos celebrados pelo Brasil, alguns mais genéricos, outros menos, deixam claro que somente a autoridade responsável pela fiscalização e lançamento do tributo pode solicitar e receber essas informações.

Sérgio André Rocha nos relembra que alguns poucos acordos assinados pelo Brasil (com China, Finlândia, Índia, Peru e Turquia) permite que a informação recebida seja apresentada publicamente em tribunal. Assim como o mencionado autor, entendemos que essas cláusulas não são compatíveis com o ordenamento jurídico brasileiro. A utilização dessas informações recebidas ou enviadas pelo Brasil somente podem ser utilizadas em processos que tramitem em segredo de justiça ou as informações sejam mantidas de forma apartada[59]. Relembramos que o Superior Tribunal de Justiça decidiu, ao analisar a questão sob a ótica da legislação interna, que o processo deverá tramitar em segredo de justiça sempre que nele forem acostados documentos que sejam protegidos por sigilo bancário ou fiscal.

4.1.3. *Artigo 26, Parágrafo 3 – Competência*

É o parágrafo 3 do artigo 26 dos Acordos assinados pelo Brasil que estabelece os limites a serem observados durante a troca de informações entre os países. Também é a partir deste item que se garante a credibilidade e a aceitação do acordo.

Todos os Tratados brasileiros possuem limitações de competência, os quais estabelecem que os Estados Contratantes não serão obrigados a prestar informações quando necessário tomar medidas administrativas contrárias às suas leis e práticas administrativas, fornecer informações que não possam ser obtidas com base na sua legislação ou fornecer informações que revelem segredo comercial, industrial ou profissional ou ainda que sejam contrários à ordem pública.

O sigilo bancário não é considerado sigilo comercial ou profissional, para fins de aplicação da Convenção Modelo da OCDE. Assim, o Estado

[59] ROCHA, Sergio André. **Troca Internacional de Informações para fins fiscais**. São Paulo: Quartier Latin, 2015. Pág. 132.

requerido não poderá invocar tal prerrogativa para justificar a não prestação da informação.

4.1.4. *Artigo 26, parágrafo 4 – Necessidade das Informações*

O parágrafo 4 é repetitivo, mas visa salientar que os Estados Contratantes não têm o dever de fornecer informações que se mostrem desnecessárias para fins de aplicação da legislação interna do Estado requerido.

A exceção a essa regra apenas está prevista nos acordos celebrados com Chile, Peru e Turquia.

4.1.5. *Artigo 26, Parágrafo 5 – A Obrigação de Fornecer Informações Protegidas Pelo Sigilo Bancário*

A partir de 2005 foi incluído o parágrafo 5 ao artigo 26 da Convenção Modelo da OCDE para determinar expressamente que é vedado ao Estado Contratante se recusar a prestar informação mediante a invocação de sigilo bancário ou profissional. Até 2009 o Brasil tinha uma reserva devidamente formalizada contra este item, mas foi retirada na Reunião do Fórum Global realizada no México.

Desse modo apenas os Tratados celebrados pelo Brasil como Chile, Peru, Venezuela e Turquia possuem cláusula no sentido de que um dos Estados Contratantes não poderá se escusar de prestar informações porque estas são detidas por um banco ou outra instituição financeira.

4.2. O Acordo Assinado entre Brasil e Estados Unidos da América

O Tratado assinado entre o Brasil e os Estados Unidos foi promulgado pelo Decreto nº 8.003, de 15 de maio de 2013, sendo que na fase de tramitação do projeto desse decreto legislativo foram levantadas diversas polêmicas.

Sérgio André Rocha, em trabalho realizado sobre o tema nos relembra que o Deputado Régis de Oliveira levantou o argumento de que o tratado seria inconstitucional ao estabelecer poderes a autoridades fiscais dos Estados Unidos incompatíveis com a Constituição Federal, bem como a obrigatoriedade de fornecimento de informações que não eram necessárias para as autoridades brasileiras e a possibilidade de apresentação de quesitos aos residentes no Brasil. No Senado Federal, o Senador Francisco Dornelles também questionou a amplitude dos poderes conferidos às autoridades norte-americanas.

Com todas as polêmicas em torno do acordo, este somente foi aprovado após 6 anos da data de sua assinatura.

Para melhor compreensão e didática, apresentaremos os comentários de cada um dos artigos desse acordo realizando uma breve comparação com os termos do artigo 26 do modelo da OCDE.

4.2.1. *Objetivo do Tratado*

O acordo assinado com os Estados Unidos prevê que serão objeto da troca todas as informações pertinentes a aplicação da legislação interna do país solicitante. Diferentemente do artigo 1 do Modelo da OCDE, não há previsão no sentido de que estariam resguardadas as garantias legais aplicáveis, quando elas não evitarem ou atrasarem a troca de informações.

O dispositivo em apreço ainda deixa claro que o método de troca de informações é "a pedido", isto é, as informações não serão enviadas automaticamente, mas dependerão de uma solicitação prévia de um dos Estados Contratantes.

4.2.2. *Jurisdição*

O artigo 2 do acordo dispõe que um país não poderá obstar a troca da informação em razão desta ser detida ou se referir a cidadão que não seja residente em nenhum dos dois países, bastando que entre eles exista relação.

Anda tal artigo na linha do disposto no parágrafo 5 do artigo 26 do Modelo da OCDE destinado a impedir a dupla tributação.

4.2.3. *Tributos Abrangidos*

O artigo 3 lista quais tributos ou espécie de tributos se inserem no âmbito de aplicação do acordo, isto é, para o lançamento de quais tributos a informação obtida pode ser utilizada. A fim facilitar, trazemos a colação a lista:

> 1. O presente Acordo aplicar-se-á aos seguintes tributos estabelecidos pelas Partes:
>
> a) no caso dos Estados Unidos da América:
>
> i) impostos federais sobre a renda;
>
> ii) impostos federais sobre a renda auferida da atividade autônoma;

iii) impostos federais sobre heranças e doações; e
iv) impostos federais sobre o consumo;
b) no caso da República Federativa do Brasil:
i) imposto de renda da pessoa física e da pessoa jurídica (IRPF e IRPJ, respectivamente);
ii) imposto sobre produtos industrializados (IPI);
iii) imposto sobre operações financeiras (IOF);
iv) imposto sobre a propriedade territorial rural (ITR);
v) contribuição para o programa de integração social (PIS);
vi) contribuição social para o financiamento da seguridade social (COFINS); e
vii) contribuição social sobre o lucro líquido (CSLL).[60]

O artigo ainda prevê que caso sejam criados novos tributos idênticos ou similares aos já listados, estes automaticamente serão incluídos no rol da convenção. O dispositivo ainda destaca que não serão solicitadas informações relativas a tributos que eventualmente estejam prescritos ou decaídos no âmbito da legislação interna do Estado requisitante.

4.2.4. *Definições*

O artigo 4 do acordo sumariza uma série de definições a fim de que não restem dúvidas na interpretação e aplicação do acordo. São apontados como "autoridade competente" o Ministro da Fazenda e o Secretário da Receita Federal do Brasil.

O artigo ainda deixa claro que a informação a ser trocada diz respeito a "qualquer fato, declaração, documento, ou registro, sob qualquer forma", bem como "medidas para coletar informações" relativas à "procedimentos judiciais, regulatórios criminais ou administrativos que possibilitem à Parte requerida obter e fornecer às informações solicitadas".

4.2.5. *Troca de Informações a Pedido*

Como já ressaltado, o acordo firmado entre o Brasil e os Estados Unidos prevê que este será aplicado na modalidade "a pedido", isto é, dependerá da requisição de certa informação por um dos Estados Contratantes.

[60] Brasil. Decreto nº 8.003, de 15 de maio de 2013. Publicado em 16/05/2013.

O primeiro item do artigo 5 prevê inicialmente que poderão ser objeto do pedido todas as informações solicitadas independentemente de estas serem necessárias para fins tributários em relação à Parte que a requereu. Além disso, é destacado que o pedido somente será formulado quando a parte solicitante comprovar que não é possível obter a informação pretendida por outros meios. Nesse ponto relembramos da classificação dada por Alberto Xavier, que classifica essa solicitação como "supletiva".

O artigo ainda prevê que os privilégios contidos na legislação interna do Estado requerente não serão aplicáveis ao Estado requerido quando do atendimento de um dos pedidos de informação.

O dispositivo ainda prevê os requisitos mínimos de validade a serem preenchidos para que um pedido seja recepcionado pelo Estado requerido. São requisitos:

a. que o pedido seja escrito e específico;
b. seja apontada a identidade do contribuinte objeto da investigação tributária ou criminal;
c. a indicação do período de tempo a que se referem as informações requeridas;
d. o apontamento dos motivos que levam a crer que as informações pretendidas são necessárias à investigação que está sendo realizada;
e. o nome e o endereço das pessoas que possivelmente tenham as informações solicitadas;
f. uma declaração de que o Estado Requerente poderia fornecer a mesma espécie de informações caso a ela fosse requerida;
g. uma declaração de que o Estado Requerente esgotou os demais meios internos e individuais para a obtenção das informações requeridas.

Ao empregar o verbo dever, o dispositivo em análise deixa claro que o preenchimento desses requisitos não é uma discricionariedade e a ausência de seu cumprimento justifica uma recusa na prestação da informação.

4.2.6. *A Possibilidade de Negar um Pedido*

O artigo 7 do acordo prevê que um Estado Contratante poderá negar a assistência requerida quando:

a. o pedido não preencher os requisitos previstos no artigo 6 do acordo;
b. quando a parte requerente não demonstrar que tenha esgotado os meios possíveis de obter a informação dentro de seu próprio território;
c. quando a revelação da informação for contrária ao interesse público da parte requerida.

Inserem nesse terceiro item as informações relacionadas a proteção de segredos profissionais, comercial ou industrial.

Eventual questionamento do sujeito sobre os quais as informações forem solicitadas não encontra fundamento na negativa se sua prestação ao Estado solicitante.

4.2.7. *Confidencialidade*

Na linha do Modelo atual da OCDE, o artigo 8 do acordo celebrado com os Estados Unidos prevê que as informações obtidas podem ser utilizadas em procedimento públicos dos tribunais ou mesmo mencionados em decisões judiciais. O dispositivo ainda faz o destaque que as informações fornecidas não podem ser repassadas a outras autoridades, a outros Estados ou utilizadas para outros fins que não aqueles requeridos sem o consentimento do Estado concedente, expresso por escrito.

4.2.8. *Das Despesas*

As despesas extraordinárias incorridas pelo Estado Solicitado para a obtenção das informações requeridas deverão ser reembolsadas ou suportadas pelo Estado Solicitante.

4.2.9. *Solução das Divergências*

Não há regra específica para a solução de conflitos, mas o artigo 10 do acordo apenas prevê que as partes contratantes deverão envidar seus melhores esforços para criar os melhores mecanismos para realizar a troca de informações, bem como para sanar dúvidas ou dificuldades.

4.3. O FATCA – "*Foreign Account Tx Compliance Act*"

No ano de 2007 o Brasil assinou com os Estados Unidos da América um tratado para viabilizar a troca de informações entre os países. A partir da assinatura desse acordo gerou-se uma expectativa para que os países também celebrassem um acordo a fim de evitar a dupla tributação, o que não ocorreu até a presente data.

Vale dizer que os Estados Unidos possuem um sistema de tributação bastante diferente do brasileiro e muito mais abrangente, pois ele alcança não só os residentes no seu território, mas também todos os cidadãos norte-americanos, aqueles que detém visto permanente (*greencard*) e as pessoas jurídicas que tenham participação de uma das pessoas naturais por ele tributadas.

Com o efeito o FATCA é uma norma editada pelos Estados Unidos a fim de impor às instituições financeiras de origem estrangeira a obrigação de identificar e reportar ao *Internal Revenue Service* (IRS), a Receita Federal estadunidense, os saldos e os movimentos de contas bancárias, de custódia e de investimento detidas pelas pessoas que interessam àquele país. O principal objetivo dessa norma é impedir a evasão fiscal que eventualmente venha a ser praticada no exterior pelos cidadãos daquele país.

De acordo com o FATCA, as instituições financeiras estrangeiras devem reportar anualmente, por meio de sistema eletrônico, os dados cadastrais completos das pessoas sobre as quais o IRS tem interesse, inclusive com o número de identificação dos titulares, de acordo com as regras dos Estados Unidos, bem como as informações acerca dos investimentos e valores detidos (saldos iniciais, finais e movimentações ocorridas no período) ou qualquer outro esclarecimento específico que venha a ser solicitado pelas autoridades americanas.

O FATCA ainda exige que, se a instituição financeira não puder fornecer as informações solicitadas em razão da legislação do país de origem, deverá apresentar comprovações de que tenha se esforçado para obter permissão junto ao Estado de estrangeiro ou obter de seu cliente a autorização necessária para fornecer tais informações.

Caso nenhuma dessas atitudes sejam adotadas, a legislação dos Estados Unidos exige que a instituição financeira encerre a conta mantida pelo titular, sob pena de se submeter a um regime mais gravoso de tributação naquele país, que consiste em:

- Retenção de 30% do imposto sobre os rendimentos e proventos que tenham origem nos Estados Unidos, sejam eles obtidos diretamente ou alocados direta ou indiretamente por outras instituições financeiras, na proporção das contas sobre as quais não sejam possíveis fornecer a informação;
- Desqualificação da participação da instituição financeira no FATCA.

A mencionada retenção de 30% não deve ser efetuada apenas pelas fontes de pagamento norte-americanas, mas também por instituições financeiras estrangeiras que aderirem ao FATCA.

Cumpre destacar que o FATCA transfere às instituições financeiras estrangeiras que aderirem ao acordo todos os custos administrativos relativos à fiscalização. Isso porque, para cumprir as regras citadas, e evitar a aplicação de penalidades, as instituições financeiras deverão elaborar um projeto de *compliance* específico. Ainda se destaca a obrigação de criação de um sistema de tecnologia apto a controlar as informações exigidas no âmbito do FATCA.

O Professor Alberto Xavier nos alerta que:

> Saliente-se o caráter unilateral e extraterritorial da FATCA, na medida em que impõe às instituições financeiras estrangeiras que se reportam diretamente às autoridades norte-americanas, mesmo ultrapassando eventuais limites fixados pelos países a que pertencem, notadamente em matéria de proteção de dados e segredo bancário.[61]

Desta feita, diferentemente dos acordos celebrados com outros países, em que apenas os Países Contratantes possuem obrigações, o FATCA exige de contribuintes específicos, instituições financeiras, o cumprimento de obrigações acessórias instituídas pelos Estados Unidos.

4.4. O Brasil e a Convenção Modelo Sobre Troca de Informações Para Fins Tributários

Como já mencionamos no início desse capítulo a OCDE possui um Modelo de Convenção destinado especificamente para regular a troca

[61] Op. Cit. p. 789.

de informações entre países. Esse modelo foi redigido em 2002, passando por algumas revisões, após a conclusão do relatório *Harmful Tax Competition: An Emerging Global Issue*, de 1998[62].

Tal modelo foi criado com a finalidade de criar um padrão global para a troca de informações, mesmo para aqueles países que já tenham um acordo assinado relativo a dupla tributação. Além disso, tal modelo poderia ser utilizado nos casos em que não é recomendável a assinatura de acordo para evitar a bitributação como, por exemplo, com paraísos fiscais.

A despeito de ainda não estar vigorando nenhum acordo desse tipo no Brasil, o país já assinou documentos nesse modelo com a Suíça, Bermudas, Guernsey, Ilhas Cayman, Jamaica, Jersey, Reino Unido e Uruguai.

Assim, mostra-se interessante realizar uma breve análise desse modelo.

4.4.1. *O Escopo do Tratado*

Seguindo a linha dos Tratados celebrados para evitar a dupla tributação, o artigo 1 da Convenção Modelo sobre Troca de Informações dispõe que a informação a ser intercambiada é aquela que for previsivelmente relevante.

Esse dispositivo também traz o trecho que estabelece que "os direitos e salvaguardas garantidas a pessoas pelas leis ou prática administrativa da Parte requerida permanecem aplicáveis desde que elas não evitem ou atrasem indevidamente a efetiva troca da informação".

De acordo com os comentários da OCDE a esse modelo o dispositivo em referência busca garantir que direitos processuais ou procedimentais da parte requerida continuem a ser aplicados desde que não posterguem indevidamente a troca de informações. Com esse dispositivo, a OCDE buscou garantir a manutenção de eventuais procedimentos previsto na legislação interna dos países, tal como a prévia notificação do sujeito interessado ou a possibilidade de questionamento da troca das informações. Todavia há que se destacar que o texto coloca em primeiro plano o instituto da troca de informações em detrimento de eventuais direitos fundamentais dos contribuintes.

[62] OCDE, *Harmful Tax Competition: Na Emerging Global Issue*, 1998. Disponível em: < http://www.oecd-ilibrary.org/taxation/harmful-tax-competition_9789264162945-en >, consultado em 01/06/2017.

Os Comentários da OCDE sobre o dispositivo ainda deixam claro que eventuais procedimentos internos, tal como a prévia notificação acerca do pedido de informação não pode frustrar o esforço da parte que busca a informação.

4.4.2. *Jurisdição*

O artigo 2 prevê que o Estado Solicitado não fica obrigado a fornecer informação que não seja de conhecimento de suas autoridades ou que elas não possam buscar dentro dos seus limites territoriais. Porém, vale destacar que os Comentários da OCDE apontam que a obrigação de prestar essa informação não é restringida pela nacionalidade ou residência da pessoa sobre a qual a informação é requerida.

4.4.3. *Tributos Alcançados*

O artigo 3 do modelo traz um dispositivo indicando quais os tributos estariam albergados pelo tratado. No modelo editado com a finalidade de evitar a dupla tributação há apenas uma lacuna a ser preenchida pelos estados contratantes.

De acordo com o Modelo, a convenção se destinará as informações relevantes para fins de apuração dos tributos que incidam sobre a renda ou lucros, sobre o capital, tributos sobre a renda líquida e tributos sobre o patrimônio, heranças e doações. Em complemento o dispositivo ainda prevê que qualquer tributo similar que venha a ser criado após a assinatura do acordo passa a estar nele incluído automaticamente.

4.4.4. *As Definições*

A OCDE também tratou de definir alguns termos em seu modelo de Acordo, a fim evitar controvérsias quando de interpretação. O parágrafo 2 do artigo 4 traz uma das regras mais relevantes, reprisando o artigo 3, parágrafo 2 da Convenção Modelo sobre a Tributação da Renda e do Capital, ao dispor sobre o tratamento a ser dado aos termos não definidos naquele tratado. De acordo com esse dispositivo, "no que tange à aplicação deste Acordo, a qualquer tempo, por uma das Partes Contratantes, qualquer termo não definido aqui deve ter a definição que tenha, naquele momento, na legislação daquela Parte, a não ser que o contexto exija interpretação diferente. Qualquer significado previsto na legislação tributária daquela Parte prevalecerá sobre a definição estabelecida por outras leis daquela Parte."

Da leitura desse trecho podemos observar que o modelo remete ao direito local para aplicação daquela convenção. No mais, deixa claro que o termo pode ser buscado tanto na legislação tributária com em outras leis que versem sobre outros direitos, mas devendo sempre os conceitos das leis tributárias prevalecerem.

4.4.5. *Troca de Informações a Pedido*

Mais uma vez a OCDE optou por manter o método de trocas de informações a pedido, isto é, as informações serão enviadas mediante pedido devidamente escrito e fundamentado, com delimitação do sujeito sobre o qual se pretende a informação, a descrição da informação que se pretende ter, a finalidade que se busca alcançar com aquela informação, os motivos pelos quais o Estado Requerente acredita que o Estado requerido tenha aquelas informações, a declaração de que aquele pedido está de acordo com as leis vigentes do Estado Solicitante, a declaração de que aquela informação seria prestada ao Estado Solicitado caso a situação fosse inversa e a declaração de que foram esgotados os meios possíveis no âmbito de sua jurisdição para a obtenção dessa informação.

O dispositivo prevê que a autoridade competente da parte solicitada deve confirmar o recebimento do pedido, em sessenta dias, informar eventual problema com esta e, em 90 dias da confirmação informar que não conseguiu obter a informação ou informar a existência de eventuais obstáculos.

4.4.6. *Auditoria Fiscal no País Solicitado*

O artigo 6 do modelo ainda possibilita que, mediante autorização, representantes da autoridade competente de um Estado Contratante entre o território do outro Estado Contratante para entrevistar indivíduos ou analisar documentos. De acordo com os Comentários da OCDE sobre esse modelo, a autorização é de caráter subjetivo do Estado requerido.

4.4.7. *A Negativa do Pedido*

Em todos os acordos vistos até o momento, sempre há uma disposição acerca da possibilidade de um Estado negar a prestar certa informação ao Estado que a requisitou. O Acordo Específico para a Troca de Informações entre países não fugiu a tal regra. O artigo 7 prevê que um Estado poderá negar a informação a outro nas seguintes hipóteses:

a. quando o Estado Solicitante, de acordo com a sua legislação interna, não pudesse obter as mesmas informações em um procedimento interno. Da mesma forma, a autoridade competente do Estado Solicitado pode recusar a fornecer a informação quando a solicitação não cumpra os requisitos exigidos;
b. em que a informação possa revelar segredo comercial, industrial ou profissional;
c. em que as informações forem disponibilizadas unicamente a advogado, uma vez que nenhum estado contratante está obrigado a fornecer informações que revelem informações entre o cliente e seu advogado;
d. em que a informação possa causar desconforto à ordem pública;
e. quando a informação pedida possa ser usada para a aplicação de regra que discrimine nacionais.

4.4.8. *A Obrigatória Confidencialidade*

O artigo 8 do Modelo determina que qualquer informação recebida por uma das partes contratantes em razão do Acordo deve ser tratada com confidencial e submetida as regras internas de sigilo do país que a recebeu. Essa informação somente poderá ser utilizada pelas autoridades competentes e com a finalidade apresentada no pedido. Não é permitido que a informação recebida seja repassada a um terceiro Estado. As informações, eventualmente, podem ser reveladas em processo público ou em decisão judicial.

4.4.9. *Responsabilidade Pelos Custos*

O artigo 9 do Modelo de Convenção prevê que os contratantes poderão dispor sobre a distribuição dos custos necessários para a obtenção das informações da maneira que melhor lhe aprouver.

4.4.10. *Solução de Disputas*

A solução de disputas acerca do convênio para troca de informações deve ser realizada mediante procedimento amigável, de acordo o com o que prevê o artigo 13 do Modelo. É o mesmo mecanismo previsto no artigo 25 da Convenção Modelo da OCDE sobre Tributação da Renda e do Capital, o que prevê três formas de procedimento amigável:

1. o procedimento amigável em sentido estrito, isto é, aquele que nasce por iniciativa do contribuinte e que tem por objetivo prevenir tributação que esteja em desacordo com as regras da convecção;
2. procedimento iniciado pelos próprios Estados, visando superar divergências interpretativas acerca das disposições dos Tratados;
3. o procedimento destinado a eliminar dupla tributação em casos outros que não tenham sido objeto do tratado.

Em razão das recorrentes críticas ao modelo de procedimento amigável, a OCDE incluiu no artigo 25 o item 5, em que passou a determinar a utilização da arbitragem para os casos em que os procedimentos restarem infrutíferos. Porém essa determinação ainda não foi incluída na Convenção Modelo Sobre a Troca de Informações em Matéria Tributária.

4.5. A Convenção Multilateral Sobre Assistência Administrativa em Matéria Fiscal

A convenção em referência surgiu no ano de 1998 no âmbito do Conselho da Europa e da OCDE e, a princípio, somente poderia ser assinada pelos membros desses dois grupos.

O escopo dessa convenção está relacionado à necessidade de conjugação de esforços entre os Estados para promover de todas as formas assistência administrativa em assuntos relacionados a tributos, a fim de eliminar a evasão e a elisão fiscal, bem como assegurar a proteção adequada dos direitos dos contribuintes.

Esta convenção é uma inciativa multilateral para a criação de um sistema internacional de troca de informações e auxílio mútuo nas questões relativas à administração tributária dos países. Em razão das demandas do G-20[63], por uma maior transparência em cooperação na esfera internacional, foi desenvolvido um Protocolo à Convenção, com a finalidade de atualizar o texto ao desenvolvimento da OCDE e permitir

[63] Grupo criado em 1999 que reúne os 20 países mais industrializados e emergentes do mundo.

que dela façam parte países que não são membros da OCDE ou do Conselho da Europa.

Por esse motivo, em 3 de novembro de 2011 o Brasil veio a assinar a Convenção, que entrou em vigor no país no dia 1º de outubro de 2016, promulgada por meio do Decreto nº 8.842, de 29 de agosto de 2016.

O referido Decreto dispõe que no Brasil a Convenção ficará restrita a apenas tributos federais, quais sejam: (**i**) imposto de renda; (**ii**) Contribuição Social sobre o Lucro de Líquido – CSLL; (**iii**) Programa de Integração Social – PIS e o Programa de Formação do Patrimônio do Servidor Público – PASEP; (**iv**) Imposto sobre Produtos Industrializados – IPI; ou (**v**) qualquer outro tributo administrado pela Receita Federal do Brasil.

Além disso, o Decreto deixa claro que a colaboração do Brasil não se estende à recuperação de crédito tributário ou multas administrativas, bem como sobre notificações para todos os tributos ainda que por meio postal.

Assim, faremos uma breve análise dos seus demais dispositivos.

4.5.1. *Escopo do Tratado*

Em linhas gerais, o artigo 1º dessa Convenção dispõe que o seu objetivo é a implantação de métodos de assistência administrativa mútua entre os países signatários, a fim de permitir: (i) a troca de informações, dentre eles exames fiscais simultâneos e a participação de exames fiscais no exterior; (ii) assistência na recuperação de créditos; e (iii) a notificação de documentos. Relembramos que o Brasil não aderiu a Convenção no que toca a esses últimos dois pontos.

4.5.2. *Tributos Relacionados*

O artigo 2 da Convenção traz uma série de materialidades que se encontram sob a sua guarda. Isso porque, considerando ser um tratado multilateral, a OCDE buscou ampliar o leque de possibilidades, permitindo que os tributos instituídos por cada uma das partes que se enquadrem nessas hipóteses possam ser objeto da assistência mútua. O artigo ainda ressalva que nela também se incluem os artigos posteriormente instituídos pelos países e que se amoldem à alguma das modalidades previstas.

O Brasil limitou o escopo de sua assistência aos tributos federais, ficando assim excluídos os tributos sobre o consumo (circulação mercadorias) e sobre a prestação de serviços.

4.5.3. *A Troca de Informações como Modalidade de Assistência Administrativa*

A partir do artigo 4 da Convenção passam a existir disposições sobre a troca internacional de informações, como uma das hipóteses de assistência administrativa.

Para esta convenção foi mantida a ideia de que será objeto da troca de informações aquelas sobre as quais haja uma "previsível relevância" acerca de sua necessidade para fins de fiscalização de tributos e apuração de crimes tributários. Há no texto também a observação de que uma das finalidades dessa troca é propiciar a aplicação da legislação tributária interna dos seus signatários.

Ao contrário dos demais Modelos de Convenção já visto neste trabalho, a Convenção Multilateral passou a prever três métodos de compartilhamentos das informações: (i) a pedido; (ii) espontânea; e (iii) automática.

Como já estudado nesse trabalho "a pedido" é o método em que um Estado solicita a outro que preste informações sobre um determinado sujeito, motivando tal pedido de acordo com a legislação interna, declarando que prestaria as mesmas informações em hipótese semelhante, apresenta a devida identificação do sujeito sobre o qual requer a informação, declarando ainda que já esgotou os meios internos para a obtenção da informação e o motivo pelo qual acredita que o Estado solicitado detenha tal informação.

A troca de informações espontânea, prevista no artigo 7 da convenção, prevê que um Estado poderá apresentar, por iniciativa própria, a um outro Estado Contratante, independente de pedido prévio, quando:

> a. a primeira Parte mencionada tem razões para presumir que possa haver uma perda de receita tributária na outra Parte;
> b. uma pessoa sujeita a tributação obtém, na primeira Parte mencionada, uma redução ou isenção de tributo suscetível de gerar uma majoração de tributo ou sujeição de tributo a outra Parte;
> c. as transações comerciais entre uma pessoa sujeita a tributação em uma Parte e uma pessoa sujeita a tributação na outra parte são conduzidas

através de um ou mais países, de tal modo que daí pode resultar uma diminuição do tributo numa ou na outra Parte ou em ambas;
d. uma parte tem razões para presumir que uma redução de tributo possa resultar de transferências fictícias de lucros no seio de grupos de empresa;
e. na sequência de informações fornecidas a uma Parte por outra Parte, a primeira Parte mencionada pôde recolher informações que se revelam de interesse para a determinação do tributo na outra Parte.

Quanto a troca de informações automática, o artigo 6 da Convenção deixa as regras a cargo de um novo acordo mútuo que poderá ser estabelecido entre duas ou mais partes.

4.5.4. *Quanto a Proteção do Direito dos Contribuintes*

Como alertado um dos objetivos do acordo é a preservação dos direitos fundamentais dos sujeitos passivos dos tributos (contribuintes) nos termos da legislação interna de cada um dos signatários. Por esse motivo a convenção coloca algumas limitações ao dever dos Estados de prestar informações.

O parágrafo 1 do artigo 21 da Convenção prescreve que "nada nesta Convenção afetará os direitos e as salvaguardas garantidas as pessoas pelas leis ou pelas práticas administrativas do Estado solicitado".

As limitações gerais ao dever de prestar informações seguem as previstas nos demais acordos vistos até o momento, quais sejam:

a. Utilizar métodos para a obtenção das informações em desacordo com suas próprias leis ou práticas administrativas, ou ainda em desacordo com as leis do Estado Solicitante;
b. Realizar medidas que seriam contrárias a ordem pública; e
c. Fornecer informações que possam revelar segredos comerciais, industriais ou profissionais.

De maneira diferente da maioria dos acordos, o parágrafo 3 estabelece que o fato de o Estado requerido não necessitar da informação não justifica a negativa de prestação de informação ao Estado requerente. Já o parágrafo 4 diz que não é possível deixar de prestar informação sob o argumento de que esta seja detida unicamente por instituição financeira.

O artigo 22 ainda prevê uma regra geral de confidencialidade, segundo a qual:

> [...]quaisquer informações obtidas por uma Parte sob esta Convenção serão tratadas como sigilosas e protegidas da mesma maneira como as informações obtidas sob a lei doméstica dessa Parte e, na medida necessária para assegurar o nível necessário de proteção de dados pessoais, de acordo com as salvaguardas que possam ser especificadas pela Parte fornecedora como exigido sob sua lei doméstica.

A fim de buscar uma convivência harmônica com os demais Tratados assinados pelos países, foi inserido na Convenção o artigo 27 para dispor que:

> as possibilidade de assistência prevista por esta Convenção não limitam, nem são limitadas por, aquelas contidas nos acordos internacionais existentes ou futuros ou em outros acordos entre as Partes afetados ou nos demais instrumento que se relacionam com cooperação em assuntos fiscais.

O dispositivo em referência, a despeito de tentar harmonizar com outras normas locais e internacionais deixa claro que as suas disposições não serão revogadas por acordos futuros ou mesmo sobrepostas. Da mesma forma, o dispositivo diz que esse acordo será sobreposto sobre os já anteriormente assinados entre os países signatários.

5. A Troca Automática de Informações e o Futuro

Como vimos, a Convenção Multilateral sobre a Assistência Administrativa Mútua foi a primeira a tratar da possibilidade de se efetivar a troca de informações fiscais entre países de maneira automática, isto é, sem a necessidade de pedido.

No passado mais recente a OCDE vem indicando que pretende aumentar o foco na troca automática de informações, que tem sido uma peça essencial para a administração tributária lidar com a economia globalizada. Além disso, a implantação de sistemas de troca automática de informações deverá compelir os contribuintes a adimplir de forma automática com os tributos devidos, pois passam a saber que não haverá mais possibilidades de omitir os rendimentos havidos em outros países e o não cumprimento regular da obrigação tributária poderá lhe acarretar sanções (multas) ou mesmo a imputação de crimes.

No ano de 2012 a OCDE editou o relatório *Automatic Exchange of Information: What it is, how it works, benefits, What remains to be done*[64]. Este documento é o mais importante para entender as perspectivas da OCDE em relação a troca automática de informações.

Em regra, as informações objeto da troca automática são aquelas obtidas regularmente pelas autoridades fiscalizadoras do país, tais como as prestadas por fontes pagadoras (empregadores, instituições financeiras, etc).

[64] Disponível em: < http://www.oecd.org/tax/exchange-of-tax-information/automaticexchangeof informationreport.htm >, consultado em 07/06/2017.

A troca também pode ser utilizada para transmitir outros tipos de informações úteis tais, como dados cadastrais relativos a mudança de endereço, compra de bens, reembolso de tributos, etc. Com o recebimento dessas informações a autoridade do país recebedor pode checar seus registros para verificar se o contribuinte prestou corretamente as informações exigidas de seus contribuintes em declarações.

A troca de informações automática já é uma realidade na União Europeia como aponta o relatório apresentado pela OCDE. Veja-se:

> A troca automática de informações é amplamente utilizada dentro e fora da União Europeia (UE) como muitos não membros da UE tendo extensas relações de troca de informações automática. Entre os mais frequentes tipos de rendimentos trocados estão: juros, dividendos, royalties, rendimentos de serviços dependentes e pensões. Todos os 38 países (100%) recebem informações de parceiros de tratados e 33 (85%) deles enviam informações automaticamente para parceiros de tratados. A Dinamarca, como país com maior número de trocas automáticas, envia informações automaticamente para 70 países.

Ainda, de acordo com um relatório específico a respeito da prática nos Estados Unidos, o país realiza aproximadamente a troca de dois milhões e quinhentos mil itens de informação automaticamente por ano[65].

O Brasil assinou em 6 de maio de 2014, juntamente com os 34 países membros da OCDE e África do Sul, Arábia Saudita, Argentina, China, Colômbia, Costa Rica, Índia, Indonésia, Letônia, Lituânia, Malásia, e Singapura, um documento manifestando o seu apoio a troca automática de informações, que tem como finalidade o combate à fraude e à evasão fiscal.

Desta feita, podemos verificar que a realidade próxima é a de que o padrão atual de troca de informações "a pedido" passe a ser o de troca "automática". Todavia Sérgio André Rocha nos alerta que:

> Mesmo com os avanços acima noticiados, a troca automática, pelos menos como idealizada, esbarrará em desafios práticos, principalmente conforme for expandida a rede de tratados que a preveja. Em um cenário em que a

[65] OECD. *United States: Peer Review Reports, Phases 1 and 2, Legal na Reguy Framework and Implemantation of Standard of the Pratice.* Paris: OECD, 2013 pág. 7.

maioria das maiores economias do mundo tiverem um sistema de troca automática de informações entre si sendo aplicado, aumentará também o tempo que suas autoridades fiscais terão que se dedicar a obter, processar, preparar e transmitir tais informações aos outros países. Outro ponto sensível é a preservação da confidencialidade das informações recebidas. Já que os países receberiam grandes volumes de informação que deveriam ter a necessária estrutura, especialmente em termos de tecnologia da informação para resguardar seu sigilo.[66]

Pelo exposto até aqui vê-se que a troca automática de informações ainda é um tema novo, mas que já tem sido colocado em prática, podendo realizar grandes alterações na vida da sociedade, bem como demandará maior cuidado em tempos de "sociedade de risco".

No ano de 2015 a OCDE editou um guia com diretrizes para que os países pudessem dar aos contribuintes uma última chance de regularizar a sua situação fiscal, declarando os bens e rendimentos detidos de forma ilegal no exterior[67].

Com efeito, os novos instrumentos destinados a troca de informações e o aumento da atenção sobre aqueles já existentes aumentam significativamente o risco de os contribuintes manterem ativos não declarados no exterior e ou rendimentos. Dessa forma, os contribuintes ficam expostos não só a obrigação de recolher os tributos devidos sobre esses ativos, mas também a imposição de multa, juros e ainda a responsabilização por crimes passíveis de serem apenados com prisão ou detenção.

Diante desse cenário tornou-se interessante para os países que pretendem se adequar a realidade da troca de informações para fiscais, oferecer uma oportunidade para que os contribuintes possam regularizar a sua situação declarando espontaneamente, durante determinado tempo, os ativos que possuem de forma oculta em outras jurisdições.

O próprio relatório da OCDE já indicava que esses programas deveriam possibilitar que os contribuintes regularizassem sua situação pagando mais do que deveriam em uma situação normal, mas também

[66] Rocha, Sèrgio André. **Troca Internacional de Informações para fins fiscais**. São Paulo: Quartier Latin, 2015. Pág. 125.

[67] OECD, **Update on Voluntary Disclosure Programmes – A Pathway to Tax Compliance**, August 7, 2015. See Teijeiro, **Tending bridges to tax compliance: Is it Latin America losing momentum?**, Kluwer International Tax Blog, August 19, 2015.

menos do que fosse devido se fosse surpreendido com a atuação das entidades fazendárias.

Nessa linha, no ano de 2016 o Brasil lançou um programa chamado RERCT – Regime Especial de Regularização Cambial e Tributária. O referido programa permitia que pessoas naturais ou jurídicas que tinham domicílio tributário no Brasil até o final de 2014 declarassem seus bens e direitos de origem lícita, isto é, que não sejam decorrentes de crimes.

6. O Brasil e o BEPS

Em 2013 a OCDE, em conjunto com o G20, lançou um plano de ações destinado a evitar a erosão da base tributária com a transferência dos resultados auferidos em um país para outro que detenha um regime de tributação mais favorável. Esse conjunto de planos de ação tornou-se comumente chamado de "BEPS", a abreviatura do termo *Base Erosion and Profit Shifting*. O BEPS decorre do encontro de várias iniciativas anteriormente adotadas no âmbito da OCDE.

Naquele ano de 2013 a OCDE apresentou os 15 planos de ação (*Actions*), destinados a combater, analisar e apresentar propostas de medidas tendentes a abolir as práticas prejudiciais, em três específicas frentes: (i) impedir a erosão da base tributária com o deslocamento artificial da renda para outras jurisdições com regimes de tributação mais benéficos; (ii) a tributação das operações realizadas por meio digital; e (iii) otimizar e universalizar as regras de preços de transferência.

Alguns desses planos estão diretamente relacionados ao aumento da transparência fiscal e à troca de informações fiscais entre países, tema central do presente trabalho. Vejamos um breve resumo de quais são esses planos[68]:

Action 1 – Localizar as principais dificuldades relacionadas à aplicação das normas fiscais vigentes nas operações realizadas por meio digital e sugerir formas para contorna-las;

[68] Informação disponível no sítio eletrônico da OCDE: < http://www.oecd.org/tax/beps/beps-actions.htm > consultado em 22/06/2017.

Action 2 – Abolir os efeitos dos planejamentos tributários decorrentes de arranjos entre legislações de dois ou mais países que permitam a dupla não tributação ou uma redução substancial da tributação naquela operação;

Action 3 – Fortalecer as regras CFC (*Controlled Foreign Companies*), isto é, a tributação dos rendimentos de companhias coligadas e controladas no exterior;

Action 4 – Limitar o uso dos juros e outras espécies de financiamentos entre empresas relacionadas, a fim de impedir a erosão da base tributável;

Action 5 – Adoção de medidas agressivas a fim de eliminar a adoção de práticas prejudiciais, com especial atenção ao aumento da transparência fiscal, inclusive, com o fornecimento compulsório de informações. Além disso, busca a exigência de companhias com substância, impedindo a criação de companhias ocas utilizadas apenas para aproveitamento ou criação de benefícios tributários;

Action 6 – Acautelar-se contra a intepretação abusiva de Tratados internacionais destinados a evitar a dupla tributação, causando a dupla não tributação ou substancial redução da arrecadação;

Action 7 – Impossibilitar a criação de estabelecimentos permanentes artificiais, alterando a regra básica de tributação de lucros auferidos no exterior;

Action 8 a 10 – Garantir que as regras de preço de transferência impeçam a erosão da base tributável, e que estas estejam em linha com o conjunto de ações que aumentem os valores dos produtos, serviços e negócios através da transferência de riscos;

Action 11 – Indicar métodos de coleta e análise do BEPS, mantendo a confidencialidade das informações dos contribuintes;

Action 12 – Fornecer orientações aos contribuintes para que declarem as autoridades os seus planejamentos tributários agressivos;

Action 13 – Revisar as normas relacionadas aos documentos exigidos pelas regras de preço de transferência, a fim de aumentar a transparência fiscal, considerando os custos de *Compliance;*

Action 14 – Aumentar a eficiência dos mecanismos de solução de conflitos;

Action 15 – Criar um mecanismo multilateral que auxilie as jurisdições interessadas a integrarem e uniformizarem suas convenções internacionais ao grupo de trabalho do BEPS.

O relatório apresentado pela OCDE no ano de 2014[69] sobre os prazos para implementação desses planos de ação e o apontamento dos recursos necessários, bem destaca que:

> Em muitos casos, a atual legislação nacional e as disposições dos acordos que regem a tributação internacional dos lucros transnacionais produzem os resultados corretos e não dão origem à erosão da base tributária e à transferência de lucros. A cooperação internacional resultou em princípios comuns e numa rede de milhares de acordos tributários bilaterais, baseados em padrões comuns e que, de modo geral, resultam na prevenção da dupla tributação sobre os lucros gerados pelas atividades transnacionais. Transparência e previsibilidade são alicerces fundamentais para o crescimento econômico. É importante manter a transparência e previsibilidade através do desenvolvimento desta experiência. Ao mesmo tempo, é necessário combater os casos em que as normas vigentes dão origem a resultados que geram preocupações a nível político.
>
> [...]
>
> As ações implementadas para conter a erosão da base tributária e a transferência de lucros não podem ser bem sucedidas sem uma maior transparência, nem sem segurança e previsibilidade para o setor privado. É essencial que a informação relevante esteja disponível de forma tempestiva e abrangente para permitir uma rápida identificação das áreas de risco. Embora as auditorias continuem a ser uma importante fonte de informação, estas estão condicionadas por várias limitações e pela falta de instrumentos relevantes para a detecção precoce de atividades de planejamento tributário agressivo. Como consequência, as administrações tributárias não têm à sua disposição informação relevante sobre planejamento tributário de forma tempestiva e abrangente e novos instrumentos para a obter essa informação devem ser desenvolvidos. Ao mesmo tempo, devem ser implementados instrumentos que permitem às empresas tomar decisões de investimento com segurança.

Veja-se que o relatório da OCDE, ao passar por diversas questões como a erosão da base tributária, a criação de arranjos que permitam a dupla não tributação e a observação da economia digital, sempre

[69] OCDE (2014), Plano de ação para o combate à erosão da base tributária e à transferência de lucros, OECD Publishing. Disponível em: < http://dx.doi.org/10.1787/9789264207790-pt > Consultado em 15/06/2017.

destaca a necessidade de aumento da transparência fiscal e da troca de informações.

6.1. *Action* 5

O já mencionado relatório da OCDE[70] destaca que o *Action* 5 tem o seguinte escopo:

> Reformular os trabalhos relativos às práticas prejudiciais, dando prioridade ao aumento da transparência, inclusive o intercâmbio espontâneo obrigatório no que diz respeito a decisões administrativas relativas aos regimes preferências, assim como a obrigação de requerer uma atividade substancial para qualquer regime preferencial. Será necessária uma abordagem global para avaliar os regimes fiscais preferenciais no contexto da erosão da base tributária e da transferência de lucros. Esses trabalhos estabelecerão um diálogo com países que não são membros da OCDE, como base no marco existente e poderão eventualmente rever, ou completar esse quadro.

Nesse sentido, o intuito da referida ação é combater as práticas fiscais prejudiciais exigindo a demonstração de atividade substancial e a necessidade de aumento transparência fiscal por meio da troca de informações.

Vale mencionar que a "decisão administrativa" a que se refere o relatório da OCDE diz respeito a qualquer conselho, informação ou compromisso prestado por uma autoridade fiscal para um contribuinte, ou grupo de contribuintes específicos, relativamente a sua situação fiscal e sobre os quais têm direito de saber.

Esse plano de ação específico tem por finalidade o aumento da transparência fiscal destinado verificar a existência de uma atividade substancial das companhias localizadas no exterior as quais são destinatárias dos rendimentos de companhias controladas e coligadas localizadas em outro país.

Já em linha com os estudos obtidos com o *Action* 5, no ano de 2016 a Receita Federal do Brasil editou a sua Instrução Normativa da RFB nº 1.658/2016 que alterou a Instrução Normativa nº 1.037/2010, a qual

[70] OCDE (2014), Plano de ação para o combate à erosão da base tributária e à transferência de lucros, OECD Publishing. Disponível em: < http://dx.doi.org/10.1787/9789264207790-pt > Consultado em 15/06/2017.

relaciona os países ou regiões, que detém regime fiscal privilegiado ou com tributação favorecida, para exigir a comprovação de atividade substancial para fruição da tributação regular:

> Art. 2º São regimes fiscais privilegiados:
> [...]
> III – com referência à legislação da Dinamarca, o regime aplicável às pessoas jurídicas constituídas sob a forma de holding company que não exerçam atividade econômica substantiva;
> IV – com referência à legislação do Reino dos Países Baixos, o regime aplicável às pessoas jurídicas constituídas sob a forma de holding company que não exerçam atividade econômica substantiva; [...]
> Parágrafo único. Para fins de identificação de regimes fiscais privilegiados previstos nos incisos III e IV do art. 2º, entende-se que a pessoa jurídica que exerce a atividade de holding desempenha atividade econômica substantiva quando possui, no seu país de domicílio, capacidade operacional apropriada para os seus fins, evidenciada, entre outros fatores, pela existência de empregados próprios qualificados em número suficiente e de instalações físicas adequadas para o exercício da gestão e efetiva tomada de decisões relativas:
> I – ao desenvolvimento das atividades com o fim de obter rendas derivadas dos ativos de que dispõe; ou
> II – à administração de participações societárias com o fim de obter rendas decorrentes da distribuição de lucro e do ganho de capital.

Desta feita, podemos dizer que os referidos estudos tem surtido valorosos efeitos no Brasil, aproximando-o dos sistemas dos países desenvolvidos.

6.2. *Action* 11

O principal objetivo do *Action 11* é o desenvolvimento de recomendações relacionadas a indicadores da dimensão do impacto econômico da erosão tributária e da transferência de lucros e assegurar a existência de ferramentas capazes de monitorar e avaliar a eficácia das normas e instrumentos destinados a evitar a erosão tributária. Para esse fim, é proposta a revisão do conjunto de fonte de dados existentes, identificar novos tipos de dados possíveis de serem captados em um nível global, respeitando-se a privacidade dos contribuintes, isto é, o direito ao sigilo.

Seguindo esse caminho, a transparência fiscal também deve ser aplicada em determinados planejamentos. Com efeito, os órgãos de administração tributária têm dificuldades em acessar as informações completas sobre a estratégia do planejamento tributário.

Porém, entende a OCDE que a disponibilização tempestiva, orientada e detalhada é essencial para que os governos possam identificar com brevidade as áreas de risco. As empresas de auditoria fiscal passam a ser alvo e importante instrumento para a obtenção de informações dos contribuintes.

As medidas propostas no bojo do *Action 11* visam melhorar o fluxo de informações sobre os riscos para as administrações tributárias de cada um dos países, como forma de minimiza-los. Destaca-se que é apontada como principal ferramenta para a análise desses impactos a cooperação com a troca de informações.

Relembramos que a possibilidade troca de informações com outros países já é uma realidade na legislação brasileira, que desde 2001 incluiu no seu Código Tributário Nacional (artigo 199, parágrafo único). Porém, esse mesmo dispositivo exige como requisito para a troca dessas informações a existência de um tratado, acordo ou convênio com outro e que essas informações tenham como finalidade apenas as questões tributárias.

Ainda salientamos que atualmente a Receita Federal do Brasil tem um avançado sistema de coleta de informações, capazes de serem permutadas. A transparência entre fisco e contribuinte tem aumentado gradativamente e ganhou especial importância após o mandato de Everardo Maciel na Secretária da Fazenda, que se notabilizou pelo desenvolvimento de tecnologias destinadas a otimizar a arrecadação tributária.

Cabe destacar que não se trata de uma ação específica, mas de trabalhos futuros a serem desenvolvidos, mas que pouco já tem de concreto.

6.3. *Action* 12

A sugestão a ser colocada em prática por esse plano de ação é a de exigir que os contribuintes revelem os seus planejamentos tributários agressivos, isto é, criar uma declaração para que os contribuintes descrevessem o modelo de seus negócios e como eles possibilitam a redução do custo tributário. Dessa forma, pretende a OCDE a utilização da experiência do setor privado para criar normas capazes de reduzir a erosão tributária.

O *Action 12* sugere que os países imponham aos contribuintes que não entregaram a mencionada declaração quatro tipos de sanções diferentes:

- pena pecuniária por não declaração de um regime;
- pena pecuniária pela não apresentação de seus fornecedores;
- multa por não fornecer um número de referência do regime fiscal; e
- multa por não apresentar o número de referência do esquema.

O Brasil, no ano de 2015, chegou a editar a Medida Provisória nº 685, que em seus artigos 7 a 12, introduziam as regras relativas a declaração obrigatória de planejamento tributário. A própria justificativa da aludida Medida Provisória dizia expressamente que sua origem estava no BEPS. Veja-se:

> 4. A segunda medida proposta estabelece a necessidade de revelação de estratégias de planejamento tributário, que visa aumentar a segurança jurídica no ambiente de negócios do país e gerar economia de recursos públicos em litígios desnecessários e demorados. A ausência de informações completas e relevantes a respeito das estratégias de planejamentos tributários nocivos é um dos principais desafios enfrentados pelas administrações tributárias no mundo. O acesso tempestivo a tais informações oferece a oportunidade de responder rapidamente aos riscos de perda de arrecadação tributária por meio de fiscalização ou de mudança na legislação.
> 5. Nesta linha, o Plano de Ação sobre Erosão da Base Tributária e Transferência de Lucros (Plano de Ação BEPS, OCDE, 2013), projeto desenvolvido no âmbito da OCDE/G20 e que conta com a participação do Brasil, reconheceu, com base na experiência de diversos países (EUA, Reino Unido, Portugal, África do Sul, Canadá e Irlanda), os benefícios das regras de revelação obrigatória a administrações tributárias. Assim, no âmbito do BEPS, há recomendações relacionadas com a elaboração de tais regras quanto a operações, arranjos ou estruturas agressivos ou abusivos.
> 6. O principal objetivo dessa medida é instruir a administração tributária com informação tempestiva a respeito de planejamento tributário, além de conferir segurança jurídica à empresa que revela a operação, inclusive com cobrança apenas do tributo devido e de juros de mora caso a operação não seja reconhecida, para fins tributários, pela RFB. Ademais, destaca-se que a

medida estimula postura mais cautelosa por parte dos jurisdicionados antes de fazer uso de planejamentos tributários agressivos[71].

A aludida declaração chegou até a ser batizada de DPLAT – Declaração de Planejamento, mas não vingou e acabou sendo vetada pelo Congresso Nacional.

Deveras, antes mesmo de ser apresentado um modelo, ainda na fase embrionária, a legislação sofreu severas críticas de diversos doutrinadores, em especial porque previa severas penas àqueles que deixassem de apresentá-la ou apresentassem com omissão de informações.

Dentre essas penas podemos destacar que todos os negócios jurídicos que a Fazenda Nacional presumisse que decorreriam de planejamentos tributários não declarados seriam apenados com uma multa de 150% (cento e cinquenta por cento) sobre o valor que deixou de ser pago.

Contribuintes chegaram até a ajuizar medidas judiciais preventivas, pleiteando o direito de não de apresentar a referida declaração, pois supostamente violaria direitos constitucionais como o direito a livre iniciativa das empresas, o da livre concorrência e o do sigilo.

Quando da não aprovação da referida Medida Provisória, a Receita Federal chegou a editar uma nota lamentando o fato:

> A ação 12 teve como escopo desenvolver recomendações para que os países editassem normas, obrigando os contribuintes a informar ao fisco de seus países seus planejamentos tributários agressivos ou operações abusivas, levando em consideração os custos para as administrações tributárias e para os contribuintes, com o fim de corrigir as distorções provocadas pela assimetria de informações entre fisco e contribuinte.
>
> A não aprovação da Declaração de Informações e Operações Relevantes representa um retrocesso para administração tributária brasileira no relacionamento com os contribuintes, uma vez que tal declaração já é adotada em diversos países tais como: África do Sul, Canadá, Coréia do Sul, Irlanda, Israel, México, Portugal, Reino Unido e Estados Unidos.

Até o presente momento não foi editada uma nova norma, no mesmo sentido.

[71] Texto disponível em: < http://www.planalto.gov.br/ccivil_03/_ato2015-2018/2015/Exm/Exm-MP%20685-15.pdf > acesso em 22/06/2017

7. Os Pontos de Colisão das Normas Brasileiras Com os Acordos Internacionais Celebrados Pelo Brasil

Desde o início desse trabalho procuramos fixar premissas, analisar as normas gerais que tratam dos direitos ao sigilo bancário e fiscal dos contribuintes, iniciando pela legislação nacional e depois pelos princípios internacionais. Posteriormente, passamos a analisar as convenções internacionais assinadas pelo Brasil, que tratam sobre a possibilidade de troca de informações entre o Brasil e os demais países.

Cumpre nos agora saber se as convenções ou acordos assinados pelo Brasil relativos a trocas de informações para fins fiscais podem desde já produzir efeitos neste país, isto é, se são compatíveis com a legislação interna brasileira.

Como já ressaltamos a legislação brasileira, em especial a Constituição Federal, tratou de garantir um número significativo de direitos dos contribuintes, em especial no que toca ao sigilo fiscal e bancário, bem como a sua participação nos processos, administrativos ou judiciais.

As normas internacionais, à primeira vista, se preocuparam em preservar os direitos dos contribuintes. Todavia, essas normas se mostram genéricas e não apontam quais seriam os instrumentos capazes de proteger esses direitos. Além disso, muitos dos acordos assinados pelo Brasil contêm disposições que indicam que as trocas de informações somente poderão ser realizadas quando não estejam em conflito com as leis ou práticas internas de um dos países envolvidos.

Sobre esse ponto Sérgio André Rocha destaca o seguinte:

> Na ponderação entre eficácia da troca de informações e proteção dos direitos dos sujeitos passivos de deveres fiscais, deu-se maior relevância à primeira, deixando-se o regramento dos segundos aos direitos domésticos dos países e, ainda assim, sempre com a ressalva de que os direitos garantidos pela legislação doméstica não podem tornar ineficaz a troca de informações.[72]

A eficiência da arrecadação tributária está intimamente relacionada à manutenção e ampliação dos serviços públicos. Assim, considerando o aumento do volume de operações internacionais e o crescimento de planejamentos tributários, sejam eles abusivos ou não, faz necessária a criação mecanismo ainda mais eficientes para a fiscalização e cobrança de tributos.

Dessa forma, a troca de informações fiscais entre países e a prestação de auxílio no desenvolvimento de técnicas de fiscalização e arrecadação tem sido um dos principais focos de estudo do direito tributário, como um dos braços da transparência.

De outro lado, a arrecadação não deve ser adotada como objetivo principal dos Estados, assim como também não pode ser buscada a qualquer custo, desconsiderando os direitos e garantias fundamentais dos contribuintes.

Com efeito, o direito a sigilo fiscal e bancário ganhou grau de direito fundamental dos cidadãos, previsto na Constituição Federal ao lado do direito a preservação da dignidade da pessoa humana, da honra e da moral. Além disso, a Conselho da Europa tratou de garantir o direito ao sigilo o mesmo grau dos demais direitos fundamentais das pessoas.

No Brasil, a Lei Complementar nº 105/2001 foi editada a fim de inserir o país nos padrões atuais adotados pelos demais países de economia desenvolvida e na busca de mantê-lo competitivo no mercado global, inspirando confiabilidade aos investidores.

A referida lei veio a regulamentar o direito ao sigilo bancário dos contribuintes, o qual sempre foi empregado de maneira bastante restritiva pela jurisprudência nacional, porém passou a ganhar mais flexibilidade a partir do ano de 2016.

[72] Op. Cit. Pág. 173.

Nesse cenário, o país também vem assinando uma série de acordos os quais permitem a troca de informações para fins fiscais entre países. Todavia, é necessário sempre interpretar esses acordos à luz da legislação brasileira, em especial dos direitos fundamentais dos contribuintes.

A tendência mundial de troca de informações, inicialmente sobre a modalidade "a pedido", caminhando para o futuro próximo de serem automáticas, devem sempre observar a legislação interna dos países que assinaram os acordos, preservando o direito dos contribuintes.

Ressaltamos aqui que a despeito da existência de significativas discussões sobre a necessária preservação dos direitos fundamentais dos contribuintes, inclusive no âmbito do Conselho da Europa, o que temos até hoje é que grande parte dos tratados, dentre eles o Modelo da OCDE, não incorporaram esses direitos ao seu texto.

Ainda deve ser pensando um modelo de troca automática de informações que respeite os direitos e garantias dos contribuintes, dentre eles o direito de participação no procedimento.

Outro ponto de extrema relevância está relacionado ao direito de confidencialidade das informações após repassado ao Estado Requerente. Atualmente, o Modelo da OCDE apenas dispõe que as informações serão guardadas de acordo com as regras internas do país que a solicitou. Porém, existe sempre uma dúvida quanto ao tratamento que será dado a essas informações.

Assim, passamos a analisar a compatibilidade desses acordos com a legislação brasileira.

7.1. A Troca de Informações e o Direito Constitucional à Ampla Defesa e ao Contraditório

Como já tratamos no primeiro capitulo deste trabalho, um dos princípios mais aclamados no direito brasileiro, estampado na Constituição Federal[73], é o da ampla defesa e do contraditório. Por meio desse princípio, o legislador constitucional garantiu a todos os brasileiros e as pessoas aqui residentes que participem e apresentem suas defesas em todos

[73] Art. 5º [...]
LV – aos litigantes, em processo judicial ou administrativo, e aos acusados em geral são assegurados o contraditório e ampla defesa, com os meios e recursos nela inerentes;

os processos administrativos e judiciais, utilizando todos os meios de prova lícitos para provar as suas alegações.

Não obstante, as normas que tratam da troca de informações nada falam a respeito da possibilidade de participação do contribuinte no procedimento administrativo de coleta de informações e do seu envio a outros países.

Quando da análise dos acordos internacionais celebrados pelo Brasil, tivemos a oportunidade de verificar que esses estão restritos à órbita dos tributos federais. Dessa forma, a Lei nº 9.784, de 29 de janeiro de 1999, que regula o processo administrativo federal, em seu artigo 2º prevê que "a Administração Pública obedecerá, dentre outros, aos princípios da legalidade, finalidade, motivação, razoabilidade, proporcionalidade, moralidade, ampla defesa, contraditório, segurança jurídica, interesse público e eficiência".

Em reforço, o inciso V do parágrafo único do mesmo dispositivo legal dispõe expressamente que nos processos administrativos devem ser respeitados os critérios de divulgação oficial dos atos administrativos, ressalvadas as hipóteses de sigilo previstas na Constituição.

O que se pode verificar, é que as únicas hipóteses de violação ao sigilo fiscal e bancário são aquelas previstas na Constituição Federal. Relembramos que uma interpretação literal do texto constitucional nos permitiria dizer que apenas seria possível a quebra desse sigilo quando autorizadas por decisão judicial fundamentada, durante investigação de crime.

Ainda complementando a questão o artigo 3º da Lei nº 9.784/1999 prevê expressamente que é direito do contribuinte ter ciência da tramitação dos processos administrativos, quando seja interessado, podendo ter vista dos autos, obter cópias de documentos e conhecer as decisões proferidas, bem como apresentar alegações e documentos antes de qualquer decisão.

Diante dessas considerações, podemos afirmar com Luís Eduardo Schoueri e Matheus Calicchio Barbosa, que "não parece conviver com o Estado de Direito e com a cláusula do devido processo legal, a possibilidade de troca de informações sem prévia participação do interessado."[74]

[74] SCHOUERI, Luis Eduardo; BARBOSA, Matheus Calicchio. Da Antítese do Sigilo à Simplicidade do Sistema Tributário: os Desafios da Transparência Fiscal Internacional. In: DE SANTI,

Mas não é só. É dever da autoridade competente brasileira rejeitar o pedido de informações sempre que o pedido não possibilitar a manifestação do interessado durante o processo de colheita de informações neste país. Isso porque, como já ressaltamos as convenções assinadas pelo Brasil, em regra, vedam o compartilhamento de informações quando esta estiver em confronto com a legislação interna ou as práticas administrativas de um dos países.

É certo que em alguns casos, a informação está em poder do próprio contribuinte. Nessas situações, a intimação e participação do contribuinte no processo de colheita das informações é indispensável.

Nesse sentido relembramos da Diretiva de Proteção de dados nº 2016//680/CE do Conselho da Europa, norma recente, impôs aos seus estados membros a obrigação de igualar a proteção de dados aos direitos individuais e liberdades dos indivíduos. Essa mesma norma, como já tivemos a oportunidade de verificar, prescreve o direito de o indivíduo que seja objeto de pedido de troca de informações seja comunicado sobre a existência da troca, o direito ao ter o das informações que serão trocadas e o direito de retificar eventuais informações que estejam equivocadas. Todos esses direitos são partes de um processo legal.

Ocorre que esse não é o entendimento da OCDE, em especial quando se refere ao direito brasileiro. Um relatório[75] elaborado pelo *Peer Group* a respeito da prática brasileira de troca de informações relata que, na visão da Receita Federal do Brasil, não há qualquer necessidade de intimação prévia do sujeito passivo, salvo nos casos em que a informação esteja exclusivamente em sua posse.

Observa-se assim que a ausência de uma regulamentação específica a respeito da troca de informações entre países possibilita uma insegurança sobre o tema não só para os cidadãos brasileiros, mas também para os demais sujeitos do direito internacional. Ainda é de se ressaltar que a participação do sujeito passivo não apenas homenageia os princípios constitucionais brasileiros invocados, mas também garante maior certeza nas informações, com a apresentação de todos os documentos

Eurico Marcos Diniz et. al. (Coords.) **Transparência Fiscal e Desenvolvimento: homenagem ao Professor Isaias Coelho**. São Paulo: Fiscosoft, 2013. Pág. 518.

[75] OECD, Brazil: Peer Review Reports, Phase 2, Implementation of Standadrd in Practice, 2013, p. 67.

necessários e possíveis acerca do fato que pretende que seja esclarecido pelo Estado requerente da informação.

A nosso sentir, a legislação brasileira carece de uma regulamentação específica, por meio de lei (e não ato infralegal) que regule expressamente o procedimento de colheita de informações com possibilidade de participação do contribuinte, inclusive, na mesma linha do que prescreve a mencionada Diretiva nº 2016/680/CE.

Ainda somos da opinião de que não se aplica o trecho contido nos acordos nacionais que mitigam a aplicação das normas nacionais quando esta vier a retardar a prestação da informação solicitada. Isso porque, mais uma vez, em regra as convenções permitem apenas que a troca de informações de aperfeiçoem quando não violarem a legislação e práticas internas de um dos países.

7.2. O Sigilo Fiscal e a Troca de Informações

Como já pudemos notar, em relação ao direito brasileiro, o maior problema enfrentado nos acordos assinados destinados à troca de informações está relacionado ao direito fundamental do sigilo fiscal e bancário. Com efeito, o Brasil sempre adotou uma estrutura extremamente restritiva em relação à divulgação das informações.

Na outra mão, temos países como França, Itália, Dinamarca e Suécia que possuem uma posição muito mais flexível quanto a quebra do sigilo. Assim, certo é que não há uma uniformidade nas legislações, o que pode gerar conflito quando da solicitação dessas informações.

Partindo da análise do princípio da isonomia, previsto nos artigos 5º e 150, II da Constituição Federal, podemos afirmar que não há fundamento constitucional que permita a aplicação de tratamentos diferentes, tanto para os sujeitos aqui residentes como para aqueles sobre os quais o Brasil tem interesse, para fins fiscais, e aqui não residem.

Não nos resta dúvida de que o Brasil deve sempre rejeitar os pedidos de informação que forem incompatíveis com as regras de sigilo fiscal e bancário aqui existentes. Da mesma forma, as informações recebidas pelo Brasil, de outros países, que não respeitem os princípios aqui aplicáveis não devem ser utilizadas para fins de lançamento tributário ou provas em procedimentos judiciais.

Além disso, no que toca ao sigilo fiscal, já tivemos a oportunidade de verificar que o artigo 26 da Convenção Modelo da OCDE destinada a

Evitar Dupla Tributação da renda, permite que as informações fiscais fossem reveladas em processo judicial público.

Aqui reiteramos a posição anteriormente assinalada. Não nos parece compatível com os princípios do sigilo fiscal e bancário a divulgação das informações em processo judicial público.

Tornou-se uma situação recorrente no mundo e principalmente no Brasil que julgamentos que envolvam vultuosas quantias, pessoas políticas ou famosos artistas e esportistas sejam amplamente divulgados pela mídia, sendo, inclusive, disponibilizados publicamente documentos relacionados.

Tal situação pode ensejar efeitos danosos à vida pessoal do contribuinte, não só expondo a existência de situações ainda não comprovadas, pendentes de discussão na via judicial, como também de dados cadastrais simples, como endereços e números de telefone.

As atuais regras de *compliance* de diversas empresas proíbem que essas realizem negócios com pessoas que tenham esse tipo de exposição, como forma de se proteger de riscos jurídicos e até mesmo de suas imagens. Dessa forma, a retirada irrestrita do sigilo fiscal pode colocar em risco a imagem, a dignidade e a vida dos sujeitos envolvidos.

A título exemplificativo, podemos citar o caso do piloto brasileiro de Fórmula Indy Hélio Castro Neves, que enfrentou uma batalha judicial na Corte Federal dos Estados Unidos, em razão de suposto não pagamento de tributos naquele país, quando do recebimento de salários e remuneração de alguns de seus patrocinadores.

Nesse caso, o piloto teve diversas de suas informações cadastrais devassadas, valores dos contratos que assinara divulgados em público, bem como a localização de suas contas bancárias, imóveis e outros itens de seu patrimônio.

Depois de toda a situação vexatória que passou, o piloto foi absolvido pela Corte Americana, sendo que nesse ínterim, o piloto teve alguns dos seus contratos com patrocinadores rescindidos, causando inegável prejuízo econômico.

Com efeito, sempre que seja necessária para a solução de um processo a avaliação de documentos sigilosos, a ele deve ser conferido o "segredo de justiça", tais como os processos que dizem respeito aos direitos de família, a arbitragem e outros que podem expor a intimidade do sujeito.

O Código de Processo Civil brasileiro (Lei nº 13.105 de 16 de março de 2015), possui regra específica para tratar dos processos gravados com o segredo de justiça. O artigo 189 do aludido Código prevê que, dentre outras hipóteses, devem tramitar em segredo de justiça os processos em que constem dados protegidos pelo direito constitucional à intimidade. Em complemento, os processos que assim são tratados somente podem ser consultados pelas partes e seus procuradores.

Trata-se de regra que visa harmonizar o princípio da publicidade dos atos judiciais e administrativos com o princípio da dignidade humana e da honra.

Linhas atrás já destacamos que na Ação Penal nº 573, o Superior Tribunal de Justiça determinou que "a quebra do sigilo fiscal impõe a decretação do segredo de justiça para a tramitação do processo"[76]. Também no mesmo sentido verificamos que o mesmo tribunal dispôs que essa é a providência correta a ser adotada, sendo descabida a guarda de documentos em pastas apartadas.

Por esse motivo, não é compatível com o princípio da isonomia que a transmissão de informações para outro país possa tornar essa informação amplamente divulgável.

Assim, podemos afirmar que as disposições contidas no sentido de que é permitida a divulgação das informações sigilosas fornecidas pelo Brasil, por meio de julgamento público são incompatíveis. Dessa forma,

[76] PENAL. AÇÃO PENAL. QUEBRA DO SIGILO FISCAL. DECRETAÇÃO DE SEGREDO DE JUSTIÇA. IMPOSIÇÃO. DENUNCIADO OCUPANTE DE CARGO DE NATUREZA POLÍTICA. CERTIDÃO REQUERIDA POR INTERESSE PARTICULAR. EXERCÍCIO DO DIREITO À INFORMAÇÃO. DESMEMBRAMENTO DO FEITO. ADOÇÃO DE MEDIDAS E PRODUÇÃO DE PROVAS URGENTES. POSSIBILIDADE.
A quebra do sigilo fiscal dos investigados impõe a decretação do segredo de justiça para a tramitação do processo – Lei nº 9.296, de 1996.
O fato de o denunciado ocupar cargo de natureza política não impede o exercício do direito à informação e nem transforma os fundamentos da certidão requerida por interesse particular em interesse coletivo ou geral – art. 5º, inc. XXXIII, da Constituição Federal.
A Lei Complementar 135, de 2010, trata de questões ligadas ao processo eleitoral e não alcança a matéria constitucional regulamentada pela Lei nº 9.296, de 1996.
O desmembramento do processo não impede a adoção de medidas ou a produção de provas urgentes para assegurar o seu resultado útil.
Agravo regimental não provido.
(AgRg na APn 573/MS, Rel. Ministra Nancy Andrighi, CORTE ESPECIAL, julgado em 29/06/2010, DJe 23/08/2010)

os Tratados assinados com China, Finlândia, Índia, Peru e Turquia, nesse ponto seriam incompatíveis com a Constituição Federal.

7.3. A Impossibilidade de Utilização das Informações para Outros Fins Não Fiscais

Ao analisarmos a legislação infraconstitucional, em especial o parágrafo único do artigo 199 do Código Tributário Nacional, verificamos que restou autorizada a troca de informações para fins fiscais. Veja-se que o legislador cuidou de limitar que a troca de informação teria limitação específica, isto é, não poderia ser utilizada para outros fins que não o de fiscalização tributária e de investigação de crimes relacionados ao recolhimento de tributos.

Nesse sentido, mostra-se incompatível com o ordenamento jurídico brasileiro a previsão contida no parágrafo 2 do artigo 26 da Convenção Modelo sobre a tributação, que autoriza a utilização das informações trocadas para outras finalidades.

7.4. A Interpretação do Artigo 26, Parágrafo 3, da Convenção Modelo à Luz da Legislação Brasileira

O artigo 26, parágrafo 3 da Convenção Modelo sobre a Tributação prevê que o Estado poderá recusar a prestar informação que possa colocar em risco segredo, comercial, industrial ou correlato.

Uma interpretação mais simplista do aludido dispositivo permitiria entender que a prestação ou não da informação seria de ordem subjetiva e discricionária da autoridade competente. Ocorre que, essa não é a interpretação que deve ser dada à luz da legislação brasileira.

Primeiramente destacamos que o Estado não tem poder para dispor sobre interesses privados. Toda vez que a troca de informações possa expor segredos do sujeito passivo a entrega da informação deveria ser vedada.

Nesse sentido, a melhor interpretação a ser dada ao parágrafo 3 do Artigo 26 dos acordos assinados pelo Brasil deve ser no sentido de que os Estados são proibidos de informar dados que possam expor segredos profissionais, sendo vedado qualquer ato discricionário.

7.5. A Responsabilidade Civil dos Estados em Razão da Indevida Troca De Informações

O inciso X do artigo 5º da Constituição Federal deixa claro que é assegurado o direito de indenização pelo dano material ou moral decorrente da violação ao sigilo bancário ou fiscal. O Estado por sua vez não é imune a dever de indenizar em razão de danos sofridos pelos contribuintes decorrentes do intercâmbio de informações.

Com efeito, o § 6º do artigo 37 da Constituição Federal assevera que "as pessoas jurídicas de direito público e as de direito privado prestadora de serviços públicos responderão pelos danos causados por seus agentes, nessa qualidade [...]"

A responsabilidade do civil do Estado é objetiva, dispensando a configuração de dolo ou culpa para que nasça o dever de indenizar. Nesse sentido, entendemos que o Brasil deve responder civilmente inclusive nos casos em que o dano moral ou material do contribuinte for violado por outro Estado, mediante a divulgação de informações obtidas pelo sistema de troca internacional.

Sérgio André Rocha defende a existência de solidariedade em casos como estes. Veja-se:

> Imagine-se, por exemplo, uma troca de informações entre Brasil e China, na qual uma autoridade chinesa houvesse divulgado informações sigilosas a respeito de empresa brasileira que tivesse causado prejuízos a esta última. Neste caso, teria a empresa brasileira que acionar o Estado chinês, na China, buscando uma reparação pelo dano sofrido? Parece-nos que esta não é a melhor solução para a questão.
>
> A única maneira de assegurar aos cidadãos a eficácia de seus instrumentos processuais nos casos de violação de direitos é a previsão de solidariedade passiva de ambos Estados envolvidos no processo de troca de informações.[77]

É fato que as convenções modelos muito ressaltam a necessidade de aprimoramento dos mecanismos de troca de informações para fins de fiscalização e cobrança de tributos, reduzindo os danosos efeitos da elisão e da evasão fiscal.

[77] Op. Cit. pag. 212/213

Todavia, é fato que o aprimoramento da defesa dos contribuintes deve andar no mesmo passo, pois o objetivo final da arrecadação é o investimento na manutenção e criação serviços e bens destinados aos contribuintes e não o simples enriquecimento dos governos.

7.6. O Princípio da Irretroatividade no Direito Tributário e a Troca de Informações

O artigo 150, inciso III, alínea "a" da Constituição Federal prevê que é vedado à União, aos Estados, ao Distrito Federal e aos Municípios cobrar tributos em relação aos fatos geradores ocorridos antes do início da vigência da lei que os instituiu ou os majorou.

Nessa toada, o Código Tributário Nacional, em seu artigo 105 estabelece de maneira clara que a legislação tributária se aplica imediatamente aos fatos geradores futuros e aos pendentes, estes últimos para os tributos que possuem fatos geradores complexivos.

As regras em referência dizem respeito à exigência de tributos, isto é, às obrigações principais. Já deixamos claro no início do presente trabalho que a troca de informações se insere no campo dos deveres instrumentais, isto é, das obrigações acessórias, que visam tão somente auxiliar a autoridade fiscalizadora na verificação da correção dos valores recebidos.

Nesse sentido o § 1º do Código Tributário Nacional prescreve o seguinte:

> Art. 144. O lançamento reporta-se à data da ocorrência do fato gerador da obrigação e rege-se pela lei então vigente, ainda que posteriormente modificada ou revogada.
>
> § 1º Aplica-se ao lançamento a legislação que, posteriormente à ocorrência do fato gerador da obrigação, tenha instituído novos critérios de apuração ou processos de fiscalização, ampliado os poderes de investigação das autoridades administrativas, ou outorgado ao crédito maiores garantias ou privilégios, exceto, neste último caso, para o efeito de atribuir responsabilidade tributária a terceiros.

Deveras, a aplicação de mecanismos mais eficientes para fiscalização dos contribuintes não afronta o princípio da não surpresa, pois não modifica quaisquer dos elementos necessários a garantir a previsibilidade dos contribuintes sobre os valores que deveriam ser recolhidos. Sobre o tema são valiosas as lições da Professora Regina Helena Costa[78]:

> A proteção outorgada nessa norma, frise-se, diz com a lei que venha a instituir ou aumentar tributo. Então, será que as demais leis tributárias, sejam quais forem seus objetos, podem produzir seus efeitos no passado?
>
> Pensamos que não, pois, em outras situações, incide o princípio geral da irretroatividade da lei. Seria o caso, por exemplo, de uma lei que, ao instituir uma nova obrigação acessória, determinasse sua aplicação a partir do momento anterior à sua edição. Não se trata de lei que venha instituir ou aumentar tributo; em consequência, não aplica à hipótese o disposto no art. 150, III, a, CR. Mas, induviduosamente, o sujeito não pode ser alcançado por essa exigência, pois as leis, em regra, não retroagem.

Com efeito, deixou claro a ilustre autora que o princípio da irretroatividade da lei tributária não se aplica aos casos de instituição de nova obrigação acessória, mas assinalou que o contribuinte não pode ser obrigado a cumprir retroativamente a lei, uma vez que sobre ela se aplica a regra geral de irretroatividade das normas.

Imaginemos o caso de aplicação de um acordo recentemente assinado pelo Brasil prevendo a troca de informações fiscais entre Estados. O Brasil venha a solicitar a esse segundo estado informações sobre operação realizada por contribuinte brasileiro, cujos tributos incidentes não tenham sido atingidos pela decadência ou pela prescrição. Seria possível utilizar essas informações para lançar o crédito tributário, com base em informação obtida por instrumento fiscal instituído por norma fiscal posteriormente?

Cremos que sim. Isso porque, o contribuinte não foi surpreendido com uma nova hipótese de incidência tributária. Sobre ele também não recaiu nenhuma nova obrigação acessória. Não se mostra plausível deixar de pagar tributo sobre o argumento de que foi instituída norma que criou melhores ferramentas de fiscalização.

Como já pudemos ver quando da análise da jurisprudência do STJ, os tribunais brasileiros já adotaram o entendimento no sentido de que

[78] Costa, Regina Helena. **Curso de Direito Tributário: Constituição e Código Tributário Nacional**. 2ª Ed. – São Paulo : Saraiva, 2012. Pág. 87.

"Norma que permite a utilização de informações bancárias para fins de apuração e constituição do crédito tributário, por envergar natureza procedimental, tem aplicação imediata, alcançando mesmo fatos geradores pretéritos."[79]

7.7. O FATCA e o Direito Brasileiro

A estrutura do FATCA onera as instituições financeiras que não sejam estadunidenses a colaborar com o governo dos Estados Unidos da América, sob pena de sofrer a gravosa retenção na fonte de 30%, não apenas sobre os rendimentos, mas também sobre o valor total da venda de produtos e da realização ou liquidação de ativos ou direitos em geral. Essa retenção de 30% não fica restrita as operações realizadas com fontes daquele país ou transações feitas no exterior e diretamente ligadas a terceiros em outros países, inclusive no Brasil, quando esses terceiros tenham ativos originários dos Estados Unidos ou a eles tenham sido alocados ativos norte-americanos.

Não obstante a sua provável eficácia, no que pertine a arrecadação de receitas e combate à evasão fiscal, o que não pode ser realizado sem a observância dos direitos fundamentais dos contribuintes, as obrigações instrumentais criadas pelo FATCA devem ser analisadas com bastante cuidado, em especial sob a ótica da legislação brasileira.

Com efeito, o artigo 113, § 2º do Código Tributário Nacional, prevê que os deveres instrumentais têm por objeto prestações positivas ou negativas, previstas no interesse da arrecadação ou da fiscalização dos tributos. Deve ser ressaltado que o "interesse" somente se verifica quando a obrigação acessória for útil para assegurar o cumprimento da obrigação principal (arrecadação).

Nessa linha é possível verificar que o legislador infraconstitucional visou prestigiar os princípios da razoabilidade e da proporcionalidade que não apenas estão previstos na Constituição Federal Brasileira, mas também são diretrizes do direito internacional tributário.

Ocorre que a sanção imposta pelo FATCA aos sujeitos que descumprirem as obrigações tributárias são excessivamente gravosas e não guardam qualquer razoabilidade. Ainda deve ficar claro que a legislação

[79] STJ, AgRg nos EDcl no REsp 824.771/SC, Rel. Ministro LUIZ FUX, PRIMEIRA TURMA, julgado em 14/11/2006, DJ 30/11/2006, p. 161

norte-americana não faz qualquer referência ou mostra respeito à legislação tributária dos países com quem assina o acordo.

Vale aqui deixar claro que os Estados Unidos poderiam se servir de diversos outros meios, menos egoístas, para concretizar a sua intenção de reduzir a evasão fiscal e maximizar e eficiência da fiscalização acerca da arrecadação de seus tributos. Dentre essas medidas, podemos dizer que aquele país poderia se juntar aos demais e colaborar com os demais estados por meio da Convenção Multilateral de Assistência Mútua em matéria tributária.

Aplicação do FATCA no território brasileiro pode representar verdadeira violação ao direito fundamental ao sigilo fiscal e bancário. Vale salientar que a quebra do sigilo bancário pode prejudicar sobremaneira as atividades das instituições financeiras. Com efeito, o sigilo é condição necessária para a existência da própria vida da instituição financeira que depende da sua credibilidade para com os contribuintes e o mercado.

O FATCA também implica em substancial perda de competitividade das instituições financeiras brasileiras, como explicam Caio Augusto Takano e Ramon Tomazela Santos[80]:

> Outro aspecto negativo que o Fatca implica é a substancial perda da competitividade das instituições financeiras brasileiras, uma vez que impõe, no mais das vezes, uma barreira de acesso ao mercado financeiro internacional para essas instituições. Não é demais lembrar que essa barreira poderá representar uma sanção implícita ao sistema financeiro e econômico brasileiro, equiparável a uma sanção comercial em âmbito global, que dificultará a integração do sistema brasileiro, equiparável a uma sanção comercial em âmbito global, que dificultará a integração do sistema brasileiro ao exterior, dificultando o acesso a clientes e mercados externos, vem como ao mercado interbancário internacional. Logo se percebe a afronta à soberania nacional, pois, por meio de sanção indireta, pode obrigar o Brasil a promover alterações em seu ordenamento jurídico brasileiro, com o objetivo de permitir o pleno cumprimento do Fatca.

[80] TAKANO, Caio Augusto; SANTOS, Ramon Tomazela. In: O "Foreign Account Tax Compliance Act" (Fatca) e seus impactos no Ordenamento Jurídico Brasileiro: Reflexões a partir das Perspectivas da Eficiência, da Praticabilidade e da Proporcionalidade. **Revista Dialética de Direito Tributário**, São Paulo, nº 226, jul.2014.

Nessa linha de raciocínio ainda podemos dizer que o FATCA, tal como delineado, implica em verdadeira afronta à soberania dos Estados, ao possibilitar que a legislação dos Estados Unidos, com a retenção do imposto daquele país sobre pagamento feitos para qualquer instituição financeira que seja considera recalcitrante.

Podemos dizer então, que o FATCA ofende o estado democrático de direito, como se pode verificar à luz dos princípios da razoabilidade e da proporcionalidade, bem como diversas normas do Direito Tributário Internacional.

Conclusões

O Brasil, a despeito de suas contínuas crises econômicas, é um país relevante no mercado mundial, seja pelo grande número de importações que realiza, seja pela capacidade de fornecimento de *commodities* aos demais países, o que possibilita a atração de capital dos países ditos desenvolvidos. No passado mais recente, o Brasil ainda mostrou seu potencial exportador tanto de serviços como de bens.

Todas essas situações levaram à condição de uma jurisdição relevante para o desenvolvimento e a instituição de padrões de transparência fiscal alinhadas com o resto do mundo. Aliás, a introdução desses padrões é essencial para que o país seja aceito como membro da OCDE, como pretende.

Todavia, não basta que o Brasil assine aleatoriamente os acordos multilaterais e bilaterais com outros países, sem antes reestruturar o seu sistema normativo interno a fim de torná-lo moderno e compatível com as regras desses acordos. Não obstante, é preciso que essas alterações sejam realizadas de acordo com suas bases constitucionais, como forma de respeitar seus cidadãos com os direitos fundamentais consagrados.

Também é papel da Administração Pública a criação e implementação de sistemas que garantam a privacidade, a moralidade e a segurança dos contribuintes nacionais.

É essencial que no âmbito da Troca de Informações entre os países seja garantido ao contribuinte o direito de acesso, o direito de ser ouvido, de ser informado, de retificar as informações equivocadas, impugnar dados e recorrer na esfera administrativa ou se correr do judiciário.

O sistema de cooperação de troca de informações é necessário, devendo também os contribuintes em geral e, em especial, as empresas adotarem programas de *compliance,* a fim de possibilitar a adoção de medidas técnicas e organizacionais apropriadas à proteção de dados pessoais que processam e armazenam. As medidas têm que ser adequadas aos riscos que a atividade representa e à natureza dos dados tratados, de modo a protegê-las.

REFERÊNCIAS

ABRAHAM, Marcus. O sigilo fiscal e os acordos internacionais para o combate à evasão, à elisão e à sonegação fiscal. In: TÔRRES, Heleno Taveira (Coord.). **Direito tributário internacional aplicado**, São Paulo: Quartier Latin, p. 761, 2008, v. V.

________. A troca de informações no direito tributário internacional e seus reflexos nos direitos fundamentais dos contribuintes. **Revista Tributária e de Finanças Públicas**, São Paulo, n. 74, p. 225, 2007.

AMARAL, Antonio Carlos Rodrigues do; TÔRRES, Heleno Taveira. Inconstitucionalidade do Acordo para Intercâmbio de Informações Tributárias Brasil-Estados Unidos. **Revista Brasileira de Direito Tributário e de Finanças Públicas**, Porto Alegre, n. 10 p. 29-36, set./out.2008.

ANDRADE FILHO, Edmar Oliveira. Imposto de renda – Quebra do Sigilo Bancário e Omissão de Receitas e Rendimentos. **Revista Dialética de Direito Tributário**, São Paulo, nº 70, jul.2001.

AVI-YONAH, Reuven. Relatório da OCDE sobre Guerra Fiscal Predatória: uma Retrospectiva após uma Década. In: DE SANTI, Eurico Marcos Diniz et. al. (Coords.) **Transparência Fiscal e Desenvolvimento: Homenagem ao Professor Isaías Coelho**. São Paulo: Fiscosoft, 2013.

BARROSO, Luís Roberto. **Curso de direito constitucional contemporâneo: os conceitos fundamentais e a construção do novo modelo**. 5ª Ed. São Paulo; Saraiva, 2015.

BASTOS, Frederico Silva. Globalização, Direito Tributário e Desenvolvimento: tensões entre direito e política no percurso do acordo para troca de informações tributárias entre Brasil e Estados Unidos – Dec. 8.003/2013. **Revista Tributária e de Finanças Públicas**, São Paulo, nº 111, jul-ago 2013.

BECK, Ulrich. **A reinvenção da Política: Rumo a uma Teoria da Modernização Reflexiva**. In: GIDDENS, Anthony; Beck, Ulrich; LASH, Soctt. *Modernização Reflexiva:* Política, Tradição e Estética na Ordem Social Moderna. Tradução Magda Lopes. São Paulo: Editora UNESP, 1997.

BIANCO, João Francisco. **Transparência Fiscal Internacional**. São Paulo: Dialética, 2007.

BITTAR, Eduardo C. B. **O Direito na Pós-Modernidade**. Rio de Janeiro: Forense Universitária, 2005. p. 96 e 97

BIFANO, Elidie Palma. Reflexões sobre a Troca de Informações em Matéria Tributária. In: ____ **VI Congresso Nacional de Estudos Tributários: Sistema Tributário Brasileiro e a Crise Atual**. São Paulo: Noeses, 2009.

BORGES, Antonio de Moura. O fornecimento de informações a administrações tributárias estrangeiras com base na cláusula de troca de informações, prevista em tratados internacionais sobre matéria tributária. *Jus Navigandi*, Teresina, ano 5, nº 46, 1 out. 2000. Disponível em: <https://jus.com.br/artigos/1611/o-fornecimento-de-informacoes-a-administracoes-tributarias-estrangeiras>. Acesso em: 29 nov. 2016.

BRASIL. SECRETARIA DA RECEITA FEDERAL DO BRASIL. **Manual do Sigilo Fiscal da Secretaria da Receita Federal do Brasil**. Brasília: Secretária da Receita Federal do Brasil, 2011.

CAIS. Cleidi Previtalli. Sigilo Fiscal de Pessoa Física e Jurídica/Público e Privado. In: DE SANTI. Eurico Marcos Diniz et. al. (Coords.) **Transparência Fiscal e Desenvolvimento: Homenagem ao Professor Isaias Coelho**. São Paulo: Fiscosoft, 2013.

CARRAZZA, Roque Antonio. **Curso de Direito Constitucional Tributário**. 31ª ed. São Paulo: Malheiros, 2016.

COSTA, Regina Helena. **Curso de Direito Tributário: Constituição e Código Tributário Nacional**. 5ª Ed. São Paulo : Saraiva, 2015.

CEZAROTTI, Guilherme. O acordo para intercâmbio de informações fiscais e bancárias celebrado entre Brasil e Estados Unidos. Influência da posição do STF no julgamento do RE 398.808/PR sobre sigilo bancário. **Revista Dialética de Direito Tributário**, São Paulo, nº 219, 2013.

DE SANTI, Eurico Marcos Diniz. O Sigilo e a Lei Tributária: Transparência, Controle de Legalidade, Direito à Prova e a Transferência do Sigilo Bancário para a Administração Tributária na Constituição e na Lei Complementar nº 105/2001. In: PISCITELLI, Tathiane (Coord.). **O Direito Tributário na Prática dos Tribunais Superiores: Sistema Tributário Nacional e Código Tributário Nacional em Debate**. São Paulo: Saraiva, 2013.

DERZI, Misabel Abreu Machado; FONSECA, Fernando Daniel de Morai. A Transparência Fiscal e o Controle da Concorrência Tributária como fatores de Harmonização, em Busca da Globalização Econômica mais Eficiente e Socialmente justa: uma Análise do Processo Brasileiro de Convergência ao Padrão Contábil Internacional. In: DE SANTI, Eurico Marcos Diniz et. al. (Coords.) **Transparência Fiscal e Desenvolvimento: Homenagem ao Professor Isaías Coelho**. São Paulo: Fiscosoft, 2013.

FERRAZ JÚNIOR, Tercio Sampaio. Sigilo Bancário, a Constituição Federal e a Lei Complementar nº 105/2001. In: **Direito Constitucional: Liberdade de Fumar, Privacidade, Estado, Direitos Humanos e Outros Temas**. São Paulo: Manole, 2007.

GODOY, Arnaldo Sampaio de Moraes. Aviso de Incêndio: Sigilo Fiscal e Restrições do Brasil ao art. 26 da Convenção Modelo da Organização para a Cooperação e Desenvolvimento Econômico – OCDE. **Revista de Direito Internacional Econômico e Tributário**, Brasília v. 4. Nº 2, jul-dez. 2009.

GODOY, Arnaldo Sampaio de Moraes. **Direito Tributário Internacional Contextualizado**. São Paulo: Quatier Latin, 2009.

GRECO, Marco Aurélio. Troca Internacional de Informações Fiscais. In: SARAIVA FILHO, Oswaldo Othon de Pontes; GUIMARÃES, Vasco Branco (Coords.) **Sigilos bancário e fiscal: homenagem ao Jurista José Carlos Moreira Alves**. Belo Horizonte: Fórum, 2011.

JOBIM, Eduardo. A troca de informações no direito tributário internacional. In: TÔRRES, Heleno Taveira (Coord.). **Direito tributário internacional aplicado**. São Paulo: Quartier Latim, 2007, p. 475, v. IV.

OECD. *Declaration on Automatic Exchange of Information in Tax Matter.* Paris: OECD, 2014.

OECD. *Standard for Automatic Exchange of Financial Account Information.* Paris OECD, 2014. Disponível e: < https://www.oecd.org/ctp/exchange-of-tax-information/automatic-exchange-financial-account-information-common-reporting-standard.pdf>. Acesso em 29 nov 2016.

OECD. *Automatic Exchange of Information: What it is, How it works, Benefits, What remains to be done.* Paris: OECD, 2012.

OECD. Update to Article 26 of the OECD Model Tax Convention and its Commentary. Paris: OECD, 2012. Disponível em: < https://www.oecd.org/ctp/exchange-of-tax-information/120718_Article%2026-ENG_no%20cover%20(2).pdf>. Acesso em: 29 nov. 2016.

OECD. *Manual on the Implementation of Exchange of Information Provisions for Tax Purposes.* Disponível em: < http://www.oecd.org/tax/exchange-of-tax-information/36647823.pdf>. Acesso em 29 nov. 2016.

OLIVEIRA. Phelippe Toledo de. A Troca de Informações em Matéria Tributária: Práticas e Perspectivas Brasileiras sobre o Assunto. **Revista PGFN**, Brasília, v.2, jan-jul 2012.

REALE, Miguel; MARTINS, Ives Gandra da Silva. Sigilo Bancário. Inconstitucionalidade do Decreto nº 4.489/2002. In: PIZOLIO, Reinaldo; GAVALDÃO JÚNIOR, Jayr Viégas (Coords.) **Sigilo bancário e fiscal**. São Paulo: Quartier Latin, 2005, p. 41-70.

PETRY, Rodrigo Caramori. O Sigilo bancário e a fiscalização tributária. **Revista Dialética de Direito Tributário**, São Paulo, nº 190, jul.2011.

QUEIROZ, Mary Elbe. A Transparência Fiscal e a Inexistência de Sigilo Bancário para o Fisco. In: FERREIRA, Eduardo Paz; TORRES, Heleno Taveira; PALMA, Clotilde Celorico (Orgs.). **Estudo em Homenagem ao Professor Doutor Alberto Xavier**. Coimbra, Almedina, 2013.

ROCHA, Sergio André. Apontamentos sobre a Troca de Informações nas Convenções para Evitar a Dupla Tributação da Renda. **Revista Dialética de Direito Tributário**, São Paulo, nº 181, out.2010.

ROCHA, Sergio André. **Troca Internacional de Informações para Fins Fiscais**. São Paulo: Quartier Latin, 2015.

SANTOS. Ramon Tomazela. O sigilo bancário e a mudança na jurisprudência do Supremo Tribunal Federal – análise crítica da decisão proferida no Recurso Extraordinário nº 389.808 e seus efeitos perante terceiros. **Revista Dialética de Direito Tributário**, São Paulo, nº 194, nov. 2011.

_______. A Ampliação da Troca de Informações nos Acordos Internacionais para evitar a Dupla Tributação da Renda – entre o Combate à Evasão Fiscal e a Proteção dos Direitos dos Contribuintes. **Revista de Direito Tributário Atual**. São Paulo nº 31, 2014.

SCHOUERI, Luís Eduardo; BARBOSA, Matheus Calicchio. Da Antítese do Sigilo à Simplicidade do Sistema Tributário: os Desafios da Transparência Fiscal Internacional. In: De Santi, Eurico Marcos Diniz et. Al. (Coords.) **Transparência Fiscal e Desenvolvimento: Homenagem ao Professor Isaías Coelho**. São Paulo: Fiscosoft, 2013.

SOUZA, Sérgio Augusto G. Pereira de. Intercâmbio de informações tributárias entre administrações estrangeiras: Avanços atuais, conexões com o combate à lavagem de dinheiro e o contexto brasileiro. **Revista Dialética de Direito Tributário**, São Paulo, n. 96. p. 89, ser. 2003.

TAKANO, Caio Augusto; SANTOS, Ramon Tomazela. O "Foreign Account Tax Compliance Act" (Fatca) e seus impactos no ordenamento jurídico brasileiro: reflexões a partir das perspectivas da eficiência, da praticabilidade e da proporcionalidade. **Revista Dialética de Direito Tributário**, São Paulo n. 226, p. 31-47, jul.2014.

TONELLI JUNIOR, Renato Adolfo. O procedimento de troca de informações em matéria tributária adotado pela administração tributária brasileira e a violação da cláusula *due process of law*. **Direito Tributário Atual**, n. 33, p. 359-388, 2015.

UCKMAR, Victor; GRECO, Marco Aurélio; ROCHA, Sergio André et al. **Manual de Direito Tributário Internacional**. São Paulo: Dialética, 2012.

VALADÃO, Marcos Aurélio Pereira. Troca de informações com base em tratados internacionais: uma necessidade e uma tendência irreversível, em **Revista de Direito Internacional Econômico e Tributário**. Vol. 4, no. 2, Julho/ /Dezembro/2009.

XAVIER, Alberto. **Direito tributário internacional do Brasil** / Alberto Xavier. 8. ed. – Rio de Janeiro: Forense, 2016.

ÍNDICE